IO RESPIRO - ICH ATME!

Lieben
Leben
Tanzen
Weinen

Rossis Leben mit Mukoviszidose

Rosario Rossi Fuca

Bibliografische Information der Deutschen Nationalbibliothek:

Die Deutsche Nationalbibliothek verzeichnet diese Publikation in der Deutschen

Nationalbibliografie; detaillierte bibliografische Daten sind im Internet über

http://dnb.dnb.de abrufbar.

Schreibcoaching: Susanne Glanzner

Lektorat: Lucinde Hutzenlaub

Korrektorat: Katia W., Crocetta G., Dani L., Dani R., Anne S.

Cover: FTGRF Fotodesign

Herstellung und Verlag: BoD – Books on Demand, Norderstedt

ISBN: 978-3751989534

Für die meisten Menschen ist es eine Selbstverständlichkeit zu atmen, für mich ist es ein Geschenk!

Auf den folgenden Seiten möchte ich erzählen, was diese Selbstverständlichkeit so besonders für mich macht.

Mukoviszidose:

(auch zystische Fibrose genannt) ist eine erbliche Stoffwechselerkranung, bei der die Bildung verschiedener Körperflüssigkeiten gestört ist. Die Sekrete der Lunge, der Bauchspeicheldrüse und anderer Organe sind zähflüssiger als bei gesunden Menschen. Der zähe Schleim verstopft unter anderem die kleinen Äste der Bronchien und die Ausführungsgänge der inneren Körperorgane. Atmung und Verdauung sind besonders stark betroffen. Im Verlauf der Erkrankung können die Organe schlechter arbeiten und es führt in den meisten Fällen zum Tode.

Quelle: www.muko.de

Für meinen Freund Rossi

Zunächst fühlte es sich befremdlich an, dann neu, anspruchsvoll, herausfordernd, aber auch von hoher Bedeutung und ehrenvoll.

Von allen Aufgaben dieser Welt war diese wohl eine der seltensten.

Er gab mir die Aufgabe, noch mal genau hinzuschauen.

Revue passieren zu lassen - vorauszublicken und dann noch mal auf sich zu schauen.

In einer Zeit, in der ich wohl, so wie noch nie, meine Orientierung verloren hatte.

Wie soll das also gehen mit der Aufgabe des Lebens?

Plötzlich kam ich der Freundschaft ein Stück näher und setzte folgende Bilder:

Wenn wir Hoffnung wären, wären wir anders, als wir sind.

Stellen wir uns vor, wir nehmen die Farbe Grün wahr wie niemals zuvor. So, als würde sie uns unsichtbar umarmen.

Stellen wir uns vor, es fällt im Leben ein Anker, der dein Davonschwimmen verhindert.

Stellen wir uns vor, von allen Schiffen dieser Welt denken wir an einen Schlepper.

Stellen wir uns vor, eine Hand in unserer ist wie ein erhellendes Licht in unserem Inneren.

Und dann begegnen wir der Hoffnung. Um Hoffnung zu sein bedarf es, anders zu sein. Anders, als es mein Freund zu sein vermag. Mein Freund des Lebens.

Deine Dani.

Nachsorgeklinik Tannheim

Ich verabschiedete mich von meinen Freunden, die extra aus Stuttgart gekommen waren, um mich zu sehen. Ich befand mich zu diesem Zeitpunkt in einer Rehaklinik, in Tannheim, in der Nähe von Villingen-Schwenningen.

Für mich war das eine Kleine heile Welt, mitten im Schwarzwald, wo ich in Ruhe nachdenken konnte, um mir die eine lebenswichtige Frage zu stellen: Würde es sich noch lohnen, mich transplantieren zu lassen?

Einige Monate zuvor hatte ich mich um einen Reha-Platz beworben, aber da die Anfrage groß war, kam ich erst einmal auf die Warteliste. Am ersten März gegen 10:30 Uhr, kam endlich der erfreuliche Anruf von Schwester Sabine aus der Rehaklinik: „Pronto, hallo?", meldete ich mich.

„Hallo Rossi, ich bin es, Sabine F. Bei uns ist ein Platz frei geworden, weil heute Morgen ein Patient abgesagt hat. Jetzt wollte ich nachfragen, ob du ihn haben möchtest."

„Klar", antwortete ich total glücklich. „Ich komme. Muss nur noch schnell packen und fahre gegen 13:00 Uhr los. Passt das?" „Natürlich Rossi nur langsam, wir freuen uns auf dich!"

Eigentlich war ich gerade auf dem Weg zur Physiotherapie ins Olgahospital, dem sogenannten „Olgäle", die Kinderklinik in Stuttgart, die über all die Jahre mein zweites Zuhause geworden war. Dort erwartete mich eine der großartigen Physiotherapeutinnen, mit der ich besonders gern zusammenarbeitete. Nach dieser freudigen Nachricht sagte ich die Stunde sofort ab. Ich fuhr zurück nach Hause zu meinen Eltern, bei denen ich zu dieser Zeit noch wohnte, und packte meine Sachen.

Für den vierwöchigen Reha-Aufenthalt packte ich mehr als fünf Koffer mit verschiedenen Klamotten ein, um für die unterschiedlichen Aktivitäten wie Sport, Physiotherapie, Schwimmunterricht, die zahlreichen Ausflüge und jedes Wetter gerüstet zu sein. Und natürlich, um es zu vermeiden, in der Reha-Klinik waschen zu müssen. Dazu kamen noch zwei Kisten Cola, mein Fernseher und eine Tasche voll Medikamente ins Auto. Meine Laune war super. Die Fahrt verlief zunächst unspektakulär. Mitten auf der Strecke bekam ich allerdings schlechter Luft als sonst und war gezwungen, an einer Raststätte anzuhalten, um ein paar Mal an meinem Inhalationsspray zu ziehen. Zum Glück trat schnell eine leichte Besserung ein, sodass ich meine Autofahrt fortsetzen konnte.

Gegen 14:30 Uhr erreichte ich meine geliebte Rehaklinik, die am Ende des Dorfes Tannheim liegt. Eine Anlage, deren Erbauer keinen klassischen Klinikbau errichten wollten, sondern sich für eine wabenförmige Architektur entschieden haben. Die Vorgabe an den Architekten war, viel Licht in die Innenhöfe und in die Räume zu bringen. Das ließ sich durch den wabenförmigen Bau mit den großen Fenstern wahrscheinlich am besten realisieren. Außerdem sollte die

Bauweise eine Orientierungshilfe bieten - man gelangt immer zum Ausgangspunkt. Es entstand eine wunderschöne Anlage für Jung und Alt. Es gibt einen Reitstall, eine Burg, einen Sportplatz und mehrere Spielplätze. Besonders toll ist der Wald, der an die Anlage grenzt. Gute, frische, saubere Luft gibt es, dank ihm, garantiert immer.

Im Eingangsbereich warteten bereits einige Mitarbeiter und strahlten über das ganze Gesicht, als sie mich sahen. Ich erhielt meine Unterlagen von Daniela und Frank, die eigentlich das Freizeitbüro leiteten. Ausnahmsweise führten sie mich und die anderen neuen Patienten heute durchs Haus. Doch zuvor wurde von jedem ein Foto gemacht, das am Ende jeder Reha in ein persönliches Erinnerungsbuch geklebt wird. In den Unterlagen, die ich ausgehändigt bekam, standen alle notwendigen Informationen für den ersten Tag, wie zum Beispiel meine Zimmernummer, die Untersuchungszeiten beim zuständigen Arzt und die Essenszeiten im Speisesaal.

Ich wurde bei diesem Aufenthalt, wie schon so oft zuvor, im Jugendtrakt der Reha untergebracht. Mein Zimmer befand sich im ersten Stock. Daniela öffnete mir die Tür und half mir noch schnell, das Gepäck aus dem Auto zu holen. Mein Zimmer mit der Nr. D.25 war geräumig, sehr hell und mit einem Einzelbett, einem runden Tisch, zwei Stühlen, einem Schrank und einer Garderobe eingerichtet. Das Bad war in einem kleinen gesonderten Raum untergebracht. Das Highlight aber war der Balkon, der die meiste Zeit des Tages in der Sonne lag. Daniela verabschiedete sich auch gleich wieder in Richtung Eingangsbereich, um den nächsten Patienten zu begrüßen und aufzunehmen. Ich war so froh, abermals in meiner Reha-Klinik zu sein und ich freute mich schon darauf, alle anderen Mitarbeiter wiederzusehen.

Die Nachsorgeklinik in Tannheim ist ein Ort, an dem ich mich immer sehr wohl und gut aufgehoben gefühlt habe. Ich lernte während meiner Aufenthalte dort viele Personen kennen, die mit dem gleichen Schicksal zu kämpfen hatten wie ich: Mukoviszidose, umgangssprachlich bis zum achtzehnten Lebensjahr Muko genannt, ab achtzehn CF oder auch zystische Fibrose. Außer den Menschen mit meinem Krankheitsbild gab es auch einige, die an Krebs erkrankt waren oder unter eine Herzkrankheit litten, aber auch gesunde Angehörige und Begleitpersonen schwerkranker Patienten.

So traf ich zum Beispiel bei einem meiner Aufenthalte ein junges Ehepaar, deren dreijähriger Sohn an Leukämie verstorben war, weshalb sie an einer Reha-Maßnahme für verwaiste Eltern teilnahmen, die ebenfalls in der Klinik angeboten wurde. Wir kamen ins Gespräch, während wir gemeinsam nach Stuttgart fuhren, um ein Fußball-Bundesligaspiel des VfB Stuttgart anzuschauen, für das der

Verein den Patienten und Angehörigen den Eintritt spendierte. Wir tauschten uns über unsere Erfahrungen mit der jeweiligen Situation aus. Auch wenn wir uns später zufällig in der Klinik begegneten, blieb es nicht bei einem „Hallo". Zum Abschluss der Reha schenkten die beiden mir ein signiertes VfB Stuttgart-Trikot mit den Worten: „Dein Lächeln und deine positive Art, trotz deiner Situation gab uns Kraft, die Sachen etwas positiver zu sehen.

Unser Sohn hätte dich gemocht."

Dieses Trikot hängt heute in Tannheim.

Die Mitarbeiter des Hauses arbeiten mit Leidenschaft, haben immer ein Lächeln auf den Lippen und sind noch mehr am Menschen als am Patienten interessiert. Jeder Einzelne von uns war dort jemand mit einem Namen und einer Geschichte, anstatt nur eine Diagnose in einer Akte, wie ich es schon oft von Patienten aus anderen Kliniken gehört hatte. Die Bedürfnisse des Einzelnen zählten und auch ich profitierte sehr davon.

Irgendwann hatte ich es geschafft, die ein oder andere Schwester und manchen Arzt oder Ärztin mit meiner Art und meinem Charme um den Finger zu wickeln.

Ich durfte zum Beispiel meinen eigenen Fernseher mitbringen, was sonst strengstens untersagt war oder ab und zu über die Stränge schlagen und etwas später als eigentlich erlaubt in die Klinik zurückkehren, wenn ich Besuch von meinen Freunden hatte und sie mich zu einer Unternehmung mitnahmen. Auch zum Küchenpersonal und den Mitarbeitern des Speisesaals hatte ich einen guten Draht. Ganz speziell zu Iris. Meine Iris. Wir hatten ein ganz besonders Verhältnis zueinander. Wir haben den gleichen schwarzen Humor, was uns schnell zu einem Herz und einer Seele machte, und es begann eine wunderbare Freundschaft, auch wenn die äußerlichen Unterschiede zwischen uns nicht größer sein könnten: ich, 171 cm klein, 46,5 kg und sie, der Typ Powerfrau, 191 cm groß, die mich leicht mit einer Hand hochheben konnte.

Als ich sie eines Vormittags, während ihres Dienstes, scherzhaft fragte ob sie am Abschlussabend der Reha mit mir tanzen würde, antwortete sie: „Lieber Rossi, du glaubst doch nicht, dass ich mit jedem tanze?!" Damit war mein Ehrgeiz geweckt. „Was darf oder soll ich tun, um mir diesen Tanz mit dir zu verdienen?"

„Ich bin sechsundvierzig Jahre jung und ich mag Rosen", antwortete sie. Ich überlegte, wie ich es mithilfe dieser Informationen schaffen könnte, sie doch noch umzustimmen, zerbrach mir den Kopf tagelang, aber es wollte mir nichts einfallen.

Diese Frau trieb mich beinahe in den Wahnsinn. Mein Ziel war es, sie auf die Tanzfläche zu locken. In der Klinik gab es kein anderes Thema mehr. Jeder im Haus stellte sich dieselbe

Frage: Würde Rossi es schaffen, mit Iris vom Speisesaal zu tanzen? Ich hatte meine Kapitulation fast schon unterschrieben, die weiße Flagge war so gut wie gehisst, da war sie: die Idee. Am Abschlussabend bat ich Iris, auf die Bühne zu kommen. Im Saal waren alle gespannt, Iris ebenso. Alle Augen waren auf uns gerichtet, im Hintergrund lief „You are my Angel", eines von Iris Lieblingsliedern von Lionel Richie.

Passend zur Musik wurde der Saal in gedämpftes Licht getaucht. Ich nahm das Mikrofon, während Daniela vom Freizeitbüro mit sechsundvierzig Rosen in einem Korb auf die Bühne kam.

„Liebe Iris, ich schenke dir diese Rosen, die ich aus sämtlichen Blumenläden von Villingen aufgekauft habe, deinem jungen Alter entsprechend. Schenkst du mir dafür diesen einen Tanz?"

Iris war sprachlos und der Saal tobte. Sie schenkte mir diesen einen Tanz. Es war mit Abstand der schönste Stehblues, den ich bis dahin erleben durfte. Wir bewegten uns ganz langsam auf der Bühne. Eine Drehung nach der anderen. Die Emotionen überschlugen sich.

Sie erzählte mir, dass bisher kein Mann etwas derart Tolles für sie gemacht hatte. Vereinzelte Tränen der Rührung waren auf unseren lächelnden Gesichtern zu erkennen. Nach 4:30 Minuten war die Tanzdarbietung vorbei. „Zugabe, Zugabe!" hallte es durch den Saal. Es gab eine Zugabe. Und bei jedem weiteren meiner Reha-Aufenthalte gingen wir auf die Bühne, wünschten uns unser Lied und tanzten dazu.

Vielleicht würde ich Iris auf dem Weg zu meinem ersten Arzttermin antreffen. Mir selbst blieb kaum mehr Zeit, um meine Koffer auszupacken oder mich in Ruhe auf den Termin vorzubereiten. Also machte ich mich nur schnell frisch und nahm erneut drei Züge von meinem Spray, da nicht genug Zeit blieb, um in Ruhe mit meinem Pari-Master zu inhalieren. Mit dem Pari-Master kann man unter anderem ein Medikament inhalieren, das die Bronchien besser belüftet, um somit besser atmen zu können. Dazu benutzte ich meist Ampullen mit 0,9 %-iger Kochsalzlösung und zwanzig Tropfen eines Medikaments, das die Bronchien erweitert, obwohl die maximal empfohlene Dosis des Herstellers bei nur acht bis zehn Tropfen pro Inhalation liegt. Ich benötigte aber tatsächlich diese zwanzig Tropfen- und das sogar mehrmals am Tag. Ich verließ also mein Zimmer, das sich zwar „nur" im ersten Stock befand, doch ich nahm trotzdem den Fahrstuhl. Nicht aus Faulheit oder Bequemlichkeit, sondern aus Not. Atemnot.
Für gesunde Menschen ganz selbstverständliche, einfache Tätigkeiten wie Treppensteigen oder Spaziergänge machen, nahmen mir sehr oft die Luft. Ich bewegte mich im

Schnecken-Tempo und benutzte jedes mögliche Hilfsmittel. Um zum Eingangsbereich zu gelangen musste ich durch einen gläsernen Flur, von dem aus man einen Blick auf den Parkplatz und die angrenzenden Gebäude hat, die mit dem Haupttrakt verbunden sind. Über diesen Flur gelangt man auch in das Arztzimmer, das im Untergeschoss des Hauptgebäudes untergebracht ist. Unterwegs bemerkte ich, dass etwas nicht stimmte.

Es sammelte sich eine Flüssigkeit in meinem Mund. Ich kannte das Sekret, das zur Mukoviszidose gehört, in allen Formen, sowohl flüssig als auch zäh. Ich hätte sogar die Farbe erraten können, ohne es zu sehen, denn in diesem Stadium meiner Krankheit kamen Unmengen von diesem Zeug aus meiner Lunge. Doch diesmal fühlte es sich anders und sehr merkwürdig an. Ich konnte es nicht zuordnen. Der Geschmack und die Beschaffenheit waren gleichermaßen ungewohnt. Ich hatte kein Taschentuch zur Hand, weshalb ich mich auf den Weg zur Toilette am Ende des Flures machte. Ich öffnete die Tür und lief zielgerichtet zum Waschbecken, um den Inhalt, der sich in meinem Mund gesammelt hatte, auszuspucken. Ich sah eine dunkelrote Flüssigkeit herauslaufen.

Es lief und lief und lief und nahm kein Ende.

Blut, Blut, Blut.

Ich beugte meinen Oberkörper nach vorn, damit ich leichter ins Waschbecken spucken konnte. Langsam, aber sicher bekam ich es mit der Angst zu tun. Es wollte nicht aufhören. Das Blut kam wie ein Wasserfall aus meinem Mund. Durch das Spucken spielte mein Magen verrückt und meine Augen begannen zu tränen.

Mein Körper war außer Kontrolle zu geraten.

Ich konnte nicht mehr klar denken. Der einzige Gedanke, der mir durch den Kopf schoss, war:

„Wirklich, lieber Gott, jetzt? Hier?"

Nein, ich wollte nicht hier in der Gästetoilette verbluten. Ich sah mich panisch um, doch nirgendwo fand ich einen Notfallknopf, obwohl er vorhanden war.

Nichts.

Absolut gar nichts. Dafür floss das Blut immer weiter und ich bekam immer schlechter Luft. Meine Beine begannen zu zittern und gleichzeitig glaubte ich zu ersticken. Mit letzter Kraft versuchte ich die Tür zu öffnen, doch ich wollte den Boden im Korridor nicht verschmutzen. So hing ich also zwischen Waschbecken und Tür, in der Hoffnung, dass mich irgendjemand fand. Natürlich hätte ich hinaus auf den Flur laufen können, doch ich war wie gelähmt.

Ich kann mir bis heute nicht erklären, was in diesem Moment in mir vorging. Ich konnte einfach nicht loslassen. Nicht das

Waschbecken und nicht mein Leben. Die Angst hatte mich völlig im Griff. Ich war ihr komplett ausgeliefert. Endlich, nach einer gefühlten Ewigkeit, kam jemand. Es war der Vater eines Reha-Kindes. Zum Glück kam er in diesem Moment den Flur entlang. Unsere Blicke trafen sich und seinem erschrockenen Gesichtsausdruck entnahm ich, dass er meine Panik wahrgenommen hatte. Er rannte los, um Hilfe zu holen, und ich hörte ihn schreien: „Schnell, Hilfe! In der Gästetoilette ist jemand vollkommen blutverschmiert."

Mir rann der Angstschweiß den Rücken hinab und es kam mir vor wie eine Ewigkeit, bis sie endlich da waren. Das komplette Ärzteteam. Dr. Roland Dopfer und Frau Dr. Susanne Posselt, meine behandelnden Ärzte, die ich über die Jahre schätzen lernte. Beide waren für mich gute Freunde geworden, weshalb auch Roland es war, der scherzhaft sagte: „Rossi, ich hatte dich eigentlich unten erwartet, aber wie ich sehe, ziehst du es vor, die Voruntersuchungen hier durchzuführen." Ich war so glücklich, ihn zu sehen. Natürlich dauerte es noch einen Moment bis wir, die mittlerweile komplett blutverschmierte, Toilette verlassen konnten. Doch das Ärzteteam hatte alles im Griff und seine Anwesenheit beruhigte mich schnell. Roland legte mir gekonnt eine Infusion und gab mir prophylaktisch intravenös zwei verschiedene Antibiotika. Einen Cocktail aus Azactam und Tazobactamn. Fürs Erste konnte die Blutung damit gestoppt werden. Als ich transportfähig war, kutschierte mich Schwester Regina liebevoll mit dem Rollstuhl in mein Zimmer.

Roland und das Ärzteteam berieten über eine Verlegung ins nächstgelegene örtliche Krankenhaus. Hämoptyse (Bluthusten) bedeutet, dass durch die Zerstörung eines Gefäßes im Lungenbereich Blut in die Atemwege gelangt und abgehustet wird. Bei einer massiven, lebensbedrohlichen Blutung können die Atemwege blockieren, was zum Ersticken führen kann.

Eine Ursache dafür sind die ständigen Entzündungen (Infekte) in der Lunge, daher wäre ich im Krankenhaus zumindest für die ersten engmaschigen Kontrollen eventuell besser aufgehoben gewesen. Doch ich konnte das Ärzteteam überzeugen. Ich wollte in der Reha bleiben und versprach dafür, die strenge Bettruhe zu befolgen.

Gerade als ich begann, mich von dem Schock zu erholen, rief mein Freund Noah an. „Jo Pronto" meldete ich mich.

„Jo, Noah hier. Bist Du gut angekommen? Wie ist die Lage? Haste die entzückende italienische Psychologin vom letzten Jahr schon getroffen? Sind neue hübsche Schwestern oder Patientinnen am Start?", legte er los, aber ich konnte nicht wirklich darauf einsteigen.

„Du, Noah, es ist etwas passiert, aber bitte behalte es für dich", sagte ich ernst und erzählte ihm im Detail, was geschehen war. Als ich abends meine Eltern anrief, sagte ich ihnen nichts. Auf ihre Fragen antwortete ich nur, sie sollten sich keine Sorgen machen, es sei alles in Ordnung.

Der Freitag verlief ruhig. Ich durfte weiterhin mein Zimmer und mein Bett nicht verlassen, weshalb auch alle Untersuchungen dort stattfanden. Ich schlief viel und versuchte, mich die übrige Zeit mit dem Fernsehprogramm zu beschäftigen. Überrascht war ich von der Tatsache, dass mir ganz viele andere Patientinnen und Patienten, die mich überhaupt nicht kannten, über die Schwestern Genesungswünsche ausrichten ließen.

Am nächsten Morgen betrat Schwester Carmen mein Zimmer. Mit einem Lächeln und mit den folgenden Worten versuchte sie, mir den Tag zu versüßen. „Guten Morgen, lieber Rossi. Schön, dass du wieder da bist. Darf ich dir was Gutes tun? Wie wäre es mit einem Frühstück?"

Beim Hochziehen der Rollladen durchfluteten Sonnenstrahlen das Zimmer. Bevor ich meine Frühstücksbestellung aufgeben durfte, kontrollierte Schwester Carmen noch meinen Puls, meine Körpertemperatur sowie die Sauerstoffsättigung im Blut. Sie notierte die Werte in meiner Krankenakte, die sie beim Verlassen des Zimmers mitsamt meiner Frühstücksbestellung wieder mitnahm. Ich stand gemächlich auf, lief erst mal zu meinem Laptop und startete meine Playlist. Mit meinem Sauerstoffschlauch ging ich langsam weiter in Richtung Badezimmer. Dort angekommen lief ich zum Waschbecken. Mit beiden Händen stützte ich mich ab

und blickte in den Spiegel. Diese Angst, die das gestrige Ereignis in mir ausgelöst hatte, spiegelte sich immer noch in meinen Augen und im gesamten Gesicht. Ich ließ mir erneut das Szenario vom gestrigen Tag durch den Kopf gehen. Ich schüttelte mich kurz und versuchte, mit einer Dusche den Tag zu beginnen. Trotz meines eingeschränkten körperlichen Zustandes versuchte ich es, aber stehend war es mir nicht mehr möglich. Ich nahm deshalb einen Hocker, der im Badezimmer vorhanden war, zog ihn zu mir und nahm ihn mit in die Duschkabine. Bei jedem Kleidungsstück legte ich eine Pause ein, nicht gewollt aber nötig, denn es strengte mich so sehr an. Nun saß ich da, nackt auf diesem Hocker. Im linken Arm einen intravenösen Zugang und im Gesicht eine Sauerstoffbrille. Erschöpft und in gebückter Haltung erwartete ich das angenehme warme Wasser.
Und dann fiel es auf mich herab. Tropfen für Tropfen prallte es von meinem Körper ab, der in all den Jahren so viel mitmachen musste. Zunächst genoss ich diesen Moment. Dann fing ich an, mir wieder Gedanken zu machen.

Wieder kamen diese Zweifel hoch, die mich schon einige Zeit begleiteten. Diese Zweifel, an denen ich merkte, dass meine Krankheit mich im Griff hatte und mir knallhart zeigte, dass die Mukoviszidose stärker ist als ich. Wo lag der Sinn meiner Krankheit? Schleichend weniger Luft zu bekommen, dieses Gefühl zu spüren, bei jeder kleinsten Anstrengung, lebendig zu ersticken. Jetzt zusätzlich noch die Steigerung mit dem Blutspucken.

War jetzt der Zeitpunkt gekommen, diesen Schritt endlich zu gehen? Eine Lungentransplantation?

Aus diesen Gedanken holte mich Schwester Carmen zurück. „Rossi, Frühstück ist da. Guten Appetit. Melde dich, wenn Du fertig bist." sagte sie und zack, hörte ich die Tür zuknallen. Fertig geduscht ging es zurück ins Zimmer und mit einem leckeren Frühstück stärkte ich mich. Es folgte anschließend die Inhalationsrunde. Dabei inhalierte ich zuerst meine übliche Kochsalz-Medikamentenmischung, bestehend aus einer Kochsalzlösung und einem Bronchialmedikament, und kurze Zeit darauf noch eine Antibiotikamischung. Diese Prozedur dauert ungefähr eine Stunde und ich wiederholte sie insgesamt zwei bis dreimal über den Tag verteilt. Später dann kam meine Physiotherapeutin Anna und machte mit mir Atemtherapie und ein paar passive Atemübungen. Dies wiederholte sich am Nachmittag bei der Physiotherapeutin Alex.
Währenddessen klingelte mein Handy unentwegt.

Unter anderem versuchte Noah mehrmals, mich zu erreichen. Ich rief ihn zurück, nachdem die Physiotherapie Stunde zu Ende gegangen war.

„Hey, Pronto!", rief ich ins Telefon. „Was ist so dringend, dass du pausenlos anrufst?" „Komme heute runter. Bist du da?", fragte er. „Klar bin ich da. Aber bleib in Stuttgart, ich sitze im Zimmer fest und bin eigentlich nicht in der Lage, irgendwas zu unternehmen. Komm lieber nächste Woche, dann bin ich sicher besser dran."

„Nee, ich fahre nachher los. Alles gut, wir chillen und quatschen, dann halt in deinem Zimmer." „OK, dann komm eben, ich bin in D.25. Ach, und bring mir eine Kiste Cola mit, bitte!", fügte ich noch schnell hinzu. „Ja, klar, mach ich. Bis dann."

Ich freute mich sehr auf Noah, denn nach wie vor durfte ich nicht im Speisesaal essen, weshalb ich die meisten anderen Reha-Teilnehmer bislang nicht kannte und mich ein bisschen langweilte. Nach dem Mittagessen schlug ich die Zeit mit Fernsehen tot und schlief etwas, bis es endlich an meiner Tür klopfte. Ich stand auf, so schnell es die Sauerstoffflasche mit dem dazugehörigen Schlauch zuließ, lief zur Tür und öffnete sie. Ich traute meinen Augen kaum. Im Korridor vor meinem Zimmer stand beinahe mein kompletter engster Freundeskreis. Es war wahnsinnig und wunderbar zugleich, weshalb ich diesen Anblick nach all den Jahren immer noch direkt vor Augen habe. Nachdem wir es geschafft hatten, zehn Leute in meinem acht Quadratmeter kleinen Zimmer unterzubringen, erzählte ich ihnen, was passiert war. Außerdem wollte ich wissen, warum sie den ganzen weiten

Weg auf sich genommen hatten, um mich zu sehen. Sie verdrehten nur die Augen.

In diesem Moment wurde mir einmal mehr bewusst, dass ich die besten Freunde der Welt habe und es machte mich so stolz, dass ich beinahe zu weinen begann.

Irgendwann fragte einer meiner Freunde, ob es wohl möglich wäre, die Klinik zu verlassen und irgendwo etwas essen zu gehen, aber ich winkte ab. „Hey geht ruhig ohne mich", sagte ich. „Ich kann schon deshalb nicht mitkommen, weil mir der Sauerstoff fehlt, und Gehen ist gerade noch schwieriger als sonst, deshalb will ich euch kein Hindernis sein. Und außerdem bekomme ich hier sowieso gleich Abendbrot."
„Nein, wieso?", fragte mich Samy „Kannst du deinen Sauerstoff nicht mitnehmen? Und wenn wir dich mit dem Rollstuhl fahren?" „Nee, das ist doch nur Stress mit dem Sauerstofftank. Und in der Öffentlichkeit mit dem Schlauch im Gesicht? Nein, danke. Nein, das will ich nicht. Meine Freunde wussten genau, dass das Thema „Sauerstoff in der Öffentlichkeit" ein wunder Punkt für mich war. Trotzdem verschwanden während der ganzen Diskussion Musie und Thomas, zwei meiner Jungs. Sie gingen zuerst zur Rezeption und von dort zu den Schwestern, um ihnen ihr Vorhaben zu schildern. Zurück kamen sie mit einem Rollstuhl und einem mobilen Sauerstofftank, packten mich ein und es ging los.

Ich sollte um 21:00 Uhr zurück sein, so der Deal mit der Nachtschwester. Im Nachhinein bin ich noch immer froh, dass ich mich an diesem Abend überreden lassen habe, mitzukommen. Mit fünf Autos machten wir uns auf den Weg, fuhren erst mal in Fahrtrichtung Donaueschingen und bogen Richtung Bräunlingen ab. Unser Ziel war unser Stammlokal, das „Lamingo". Dort gab es unglaublich leckere Burger und sowohl das Publikum als auch die Atmosphäre gefielen uns. Ich wusste selbst nicht, wie ich auf die Situation reagieren würde, mit meinem Sauerstoffgerät diese Bar zu besuchen und war sehr nervös. Als wir das „Lamingo" betraten, mussten wir enttäuscht feststellen, dass keine Sitzplätze mehr frei waren, weshalb wir beschlossen, auf ein italienisches Lokal um die Ecke auszuweichen.

Wir nahmen mitten im Restaurant Platz, die Kellnerin kam, gab uns die Speisekarten und nahm nach kurzer Zeit die Bestellungen auf. Als ich an der Reihe war, bemerkte ich, dass sie keinen Unterschied zwischen mir und den anderen machte. Sie tat nur ihre Arbeit und schrieb auf, was ich essen und trinken wollte: Pizza mit Schinken und eine Cola dazu. Mit der Zeit bemerkte ich, wie ich die Blicke der anderen Gäste um uns herum anzog. Ich fragte mich: Hatten Sie mich erst jetzt entdeckt, den Typen mit dem Sauerstoffschlauch im Gesicht? Derart angestarrt zu werden war mir trotzdem sehr unangenehm. Wäre ich in der Lage der anderen Gäste, würde ich wahrscheinlich auch kurz hinschauen, aber für mich fühlte es sich an, als würden diese Blicke nie aufhören. So selbstbewusst und stark, dass ich das gut aushalten konnte, war ich nicht. Trotzdem bemühte ich mich, mir nichts anmerken zu lassen. Blicke sind mir nicht fremd, da ich bei einer Körpergröße von 171 cm nur etwa 46 kg wiege. Mit diesem Untergewicht falle ich dementsprechend oft im Alltag, aber natürlich noch viel extremer im Freibad oder am Meer auf. Mittlerweile helfen meine zahlreichen Tätowierungen davon abzulenken. Meine Eltern waren immer strikt gegen die Körperbemalung gewesen, denn sie hielten Tattoos für unchristlich und meinten, nur „Kriminelle" würden sich den Körper bemalen lassen. Um keine Streitigkeiten entstehen zu lassen und um meine minimale Erbschaft nicht zu riskieren, beschloss ich irgendwann, mich zwar tätowieren zu lassen, aber mich vor meinen Eltern nicht mehr mit freiem Oberkörper zu zeigen. Es war nicht leicht, die Tattoos in unserem gemeinsamen Alltag zu verbergen. Der Gang ins Bad musste genauestens durchdacht werden.

Eine Portion Glück durfte nicht fehlen, wie beispielsweise an meinem dreißigsten Geburtstag:

Ich veranstaltete wieder eine große Party. Schon an meinem achtzehnten und fünfundzwanzigsten Geburtstag waren über hundert Leute in einem angemieteten Partyraum in einem Jugendhaus zusammengekommen. Kurz vor Mitternacht bekam ich ein besonders tolles Geschenk: den Auftritt einer Stripperin. Die Party war auf ihrem Höhepunkt, als ich gebeten wurde, mitten im Raum auf einem Stuhl Platz zu nehmen. Meine Augen wurden verbunden und meine Gäste versammelten sich um mich herum. Mein Freund Tomi, der als DJ auflegte, drehte die Musik herunter. Die Spannung stieg. Plötzlich kam jemand und zog mir den Pullover aus. Ich stand halb nackt mitten im Raum. In diesem Moment dachte ich nur an meine heimlichen Tattoos und meine Eltern. Ruckartig verschränkte ich meine Arme vor der Brust und dachte: Jetzt ist es raus. Doch aus dem Publikum schrie jemand: „Rossi keine Panik! Deine Eltern sind schon weg.‟ Alle lachten. Und ich entspannte mich endlich und genoss den Auftritt der Stripperin. Elf Jahre behielt ich das Geheimnis bis zu einem Sommertag auf Sizilien. Meine Eltern fuhren mit meiner Tante Rosalia und meinem Onkel Luigi zum Shoppen und ich nutzte die Gelegenheit, mich mit freiem Oberkörper auf dem Balkon unserer Wohnung zu sonnen. Ich saß also spärlich bekleidet und mit Kopfhörern im Freien und ließ meine Haut von der Sonne grillen. Nach etwa einer Stunde stand plötzlich mein Papa vor mir. Er starrte auf meine Tattoos. Dann verließ er schweigend den Balkon und es verging nicht einmal eine Sekunde, bis meine Mama mit ihm gemeinsam vor mir auftauchte. Ihr Geschrei konnte man wahrscheinlich bis nach Stuttgart hören. Drei Tage lang wechselten sie kein Wort mit mir. Glücklicherweise hatten sie meinen Rücken nicht gesehen, den ebenfalls ein riesiges Tattoo ziert, sonst würden sie mich heute noch anschweigen.

Doch so sehr meine Körperkunst einen Schockzustand bei ihnen ausgelöst hatte, so sehr schützt sie mich eben auch vor den Blicken Fremder. Ich stelle mir einfach immer vor, es gäbe keinen anderen Grund, mich anzustarren.

Trotz der Blicke verging die Zeit in der Pizzeria wie im Flug. Wir lachten viel und erzählten uns Geschichten von früher.

Obwohl es sehr schön war, fuhren wir ziemlich schnell nach dem Essen zurück zur Klinik, schließlich hatte ich versprochen, pünktlich zu sein. Auf dem Parkplatz vor dem Haupteingang verabschiedete ich mich von allen, nur nicht von Noah. Er schob mich Richtung Zimmer und wir unterhielten uns über Belangloses, während ich den Zimmerschlüssel aus meiner Tasche kramte und aufschließen wollte.

In diesem Moment öffnete sich die Tür des Nachbarzimmers.
Es war einer dieser Momente, von denen man sich wünscht,
dass sie ewig dauern. Glück und Hoffnung durchströmten
jede noch so kleine Ader meines Körpers und mein
Herzschlag schaltete zwei Gänge hoch.
Da stand sie.
Vor mir.

Sie.

Es traf mich wie einen Blitz und für einen kurzen Moment
befand ich mich in einem Zustand der Schwerelosigkeit.
Ich überlegte rasend schnell.
War es ihr Gesicht mit diesen braunen Augen? Waren es ihre
wunderschön glänzenden dunklen Haare oder war es ihr
Lächeln, das ihre strahlend weißen Zähne zum Vorschein
brachte? War es die Art, wie sie gekleidet war, mit hellblauen
Jeans und grauem Pulli?
Oder war es ihr Wesen?

Ihre Aura?

Ich starrte sie an. Sie sah so fantastisch aus - meinen Blick
von ihr abzuwenden war fast unmöglich. Es war mir selbst
unangenehm. Sie hatte in diesem Moment irgendetwas in mir

ausgelöst. Es fühlte sich so wunderbar an. So unfassbar? Sie war so wunderschön.

Das kennt man sonst nur aus Erzählungen: dass die Zeit stehen bleibt und man nichts mehr von seiner Umgebung wahrnimmt. So ging es mir in diesem Moment.

„Hi!", sagte sie und lächelte weiter.

„Hi!", erwiderte ich und starrte weiter.

„Hi, bist du DER Rossi?", fragte sie mich.

Ich bekam Gänsehaut und meine Stimme begann zu zittern. Ich wusste nicht, ob mich ihre Anwesenheit oder meine Krankheit kurzatmig werden ließ, und antwortete: „Bin ich. Und wer bist du?"

„Ich heiße Anna"

Hoffentlich darfst du bald aus deinem Zimmer raus."

„Ja, das hoffe ich auch. Ist echt öde ständig dort drin zu sitzen. Aber eigentlich war ich ja gerade draußen."

Sie lachte. „Stimmt. Dann wünsch ich dir noch einen schönen Abend und bis bald", sagte sie und verschwand im Treppenhaus.

„Danke, dir auch!", sagte ich leise.

Plötzlich drang Noahs Stimme zu mir durch. Ich hatte ihn komplett vergessen. „Schnapp sie dir!", sagte er euphorisch. Ich schmunzelte, während er mich in mein Zimmer schob. Wir verabschiedeten uns schnell, denn die anderen warteten noch immer auf dem Parkplatz auf ihn. Während sie zurück nach Stuttgart fuhren, saß ich allein in meinem Zimmer und trank eine Cola, als Schwester Sabine mit meiner abendlichen Dosis Antibiotika hereinkam. Wir unterhielten uns, während sie das Ende des Infusionsschlauchs am Zugang in meinem Arm anbrachte, verschloss und mit einem Kopfdruck die Infusion starten ließ. Dabei sagte sie etwas, was ich bereits wusste, aber trotzdem sehr gern hörte:

„Du hast echt tolle Freunde, Rossi!"

Ich war absolut ihrer Meinung. Gedanklich ließ ich den Abend Revue passieren und mir kamen die Tränen. Ich war so stolz, solche Freunde zu haben. Mit den wunderbaren Erlebnissen dieses Tages schlief ich, erschöpft aber glücklich, ein. Am Sonntag fühlte ich mich gut. Meine Werte hatten sich sehr positiv entwickelt und das nach nur vier Tagen. Es kam auch kein Blut mehr aus meiner Lunge. Ich hoffte, am nächsten Tag mein Zimmer verlassen zu dürfen, um endlich am normalen Reha-Alltag teilnehmen zu können. Eigentlich ging mir dabei nur ein Gedanke durch den Kopf: Wer war sie, das Mädchen von nebenan? Ich wollte sie wiedersehen.

Ich weiß nicht, ob Roland am nächsten Morgen meine Ungeduld spürte, als er mein Zimmer betrat, um mich durchzuchecken.

„Guten Morgen! Wie ich hörte, warst Du schon wieder auf der Piste am Wochenende?!", stellte er freundlichem Ton fest.

„Aber nur am Samstag mit dem Rollstuhl und ich hatte Sauerstoff dabei", erklärte ich.

„Genau, ich würde dich bitten, den Sauerstoff in der ganzen Reha-Zeit bei dir zu tragen. Rossi, deine Lunge und dein ganzer Körper sind durch dieses Ereignis in der Gästetoilette sehr stark in Anspruch genommen worden. Durch die zusätzliche dauerhafte Sauerstoffeinnahme ist es viel leichter für den Körper, sich zu regenerieren. Wie du dazu stehst, in der Öffentlichkeit ein Sauerstoffgerät zu tragen, weiß ich leider allzu gut. Aber ich würde dich bitten, hier während der Reha über deinen Schatten zu springen."

Obwohl mir Rolands Anweisung nicht gefiel, akzeptierte ich sie. Schließlich leuchteten mir seine Argumente ein. Trotzdem schlug ich ihm einen Deal vor: „Aber nur, wenn die Quarantäne heute vorbei ist. Kompromiss?" und zeigte ihm dabei meinen besten Hundeblick. Glücklicherweise gab er mir nach kurzer Bedenkzeit sein Okay und ich durfte endlich raus. Mein Wochenplan sah vor, dass ich um elf Uhr bereits meinen ersten Termin im Gruppenraum hatte: ein Treffen mit allen Patienten und dem kompletten Team der Sozialpädagogen und Psychologen. Sarah, die als Psychologin im Haus angestellt war und die ich letztes Jahr kennengelernt hatte, nahm sich der Aufgabe an, mich mit dem Rollstuhl aus meinem Zimmer abzuholen. Sie brachte mich, zusammen mit meinem Sauerstoffgerät, in den Gruppenraum. Alle Patienten waren da, unterhielten sich und warteten auf uns. Nachdem wir nun vollzählig waren, suchte sich jeder einen Platz. Meine Augen scannten den Raum nach „ihr" ab. Dem Mädchen namens Anna von nebenan. Sie saß mir schräg gegenüber und als wir die Kennenlern-Runde starteten, in der jeder etwas über sich erzählen sollte, konnte ich es kaum erwarten bis sie an der Reihe war. Ich war unglaublich neugierig.

Anna begann zu erzählen: „Hallo, ich bin 28 Jahre alt und komme aus der Nähe von Hannover. Ich habe Mukoviszidose. Ich bin schon zum zweiten Mal hier, bin aber noch voll berufstätig und arbeite nebenbei in einem Fitnessstudio als Servicekraft. Ich hoffe, hier etwas zur Ruhe zu kommen, und freue mich über einen regen Austausch mit euch." Als ich an der Reihe war, erzählte auch ich etwas über mich: Vor allem betonte ich, dass ich ebenfalls trotz Erwerbsunfähigkeitsrente im Fitnessstudio als Servicekraft arbeitete. Da war sie, die

Gemeinsamkeit, die ich nutzen konnte, um sie nach der Vorstellungsrunde anzusprechen, was ich natürlich tat.

„Hi Kollegin!", sagte ich zu ihr.

„Hi Kollege!", antwortete sie. Wir mussten beide schmunzeln.

„Wirklich, du arbeitest also auch im Fitnessstudio und sogar dasselbe wie ich?"

Wir tauschten uns aus und merkten, dass wir noch mehr Gemeinsamkeiten hatten. Ob es um Musikrichtungen, Partys oder um die Sehnsucht nach Sonne ging, wir waren uns in den meisten Punkten einig. Auch sie trank gerne Cola, das war bei mir ein großer Pluspunkt. Ich liebe Cola.

Cola ist ein lebensnotwendiges Getränk, auf das ich nie verzichten kann. Es fing damit an, dass mein Arzt mir eine Extraportion Kalorien verschrieben hatte, die ich durch zuckerhaltige Getränke zu mir nehmen sollte.

Die Stunde der Cola war geboren und von einigen Gläsern in der Woche wurde es zu einem Alltagsritual.

Zwei Liter am Tag.

Die restlichen drei Tage der ersten Reha-Woche gingen, dank Anna, unglaublich schnell vorbei.

Jeder Teilnehmer bekam anfangs einen Behandlungsplan, der sehr straff mit Anwendungen belegt war. Die Chance, im Laufe des Tages mit einem der Patienten intensiver ins Gespräch zu kommen, war sehr gering. Die Mahlzeiten im Speisesaal blieben die einzigen Gelegenheiten, sich untereinander auszutauschen. Leider saß Anna an einem anderen Tisch und ich traute mich nicht, sie vor allen anzusprechen. Doch wir hatten immer Blickkontakt.

Meine Iris vom Speisesaal kannte mich schon so gut, dass sie jedes Mal, wenn sie Dienst hatte, eine Bemerkung fallen ließ. „Lieber Rossi, dein Essen steht auf dem Tisch vor dir und nicht auf dem am Fenster", kommentierte sie meinen Blick und grinste. Mittlerweile war ich für meine Verhältnisse ziemlich fit, sodass ich auch wieder in der Lage war, etwas für meine Gesundheit zu tun und den Geräteraum der Klinik zu besuchen. Auf dem Weg dorthin traf ich Anna, die dasselbe schon hinter sich hatte. Was man ihr auch ansah, denn die Schweißperlen tropften nur so von ihrem Gesicht. Ihr T-Shirt war auch schon so nass, dass der Sport-BH zu erkennen war. Es fiel mir schwer, mich zu konzentrieren. Sie sah zum Anbeißen aus. Wir unterhielten uns noch, als mir auffiel, dass ich meinen MP3 Player im Zimmer vergessen hatte, was mich ziemlich ärgerte. Ohne Musik war es mir kaum möglich, Sport zu treiben. Die Musik pushte mich und schaffte es oft, mich an mein Limit zu bringen. „Möchtest du meinen MP3-Player mitnehmen?", fragte sie.
„Echt? Ja, wenn es für dich OK ist, sehr gerne!" Ich strahlte.
„Klar", antwortete sie und drückte ihn mir in die Hand. Ich war gespannt, welche Musik sie gerade hörte. Anna erzählte es mir. Es war der Soundtrack zu „Berlin Calling" von Paul Kalkbrenner. Ein Künstler und DJ, der aus Berlin stammt und

elektronische Musik macht. Seine Lieder schlugen bei mir ein wie eine Bombe, denn ich hatte diese Art von Musik nie zuvor gehört. Es war fantastisch. Mein musikalischer Horizont hatte sich in diesem Moment erweitert.

Abends klopfte ich an ihre Tür. Doch leider öffnete sie nicht, was mich kurz verärgerte, da ich nicht nur ihren MP3-Player zurückbringen, sondern ihr auch noch als kleine Aufmerksamkeit eine Flasche von meiner kostbaren Cola schenken wollte. Kurzerhand nahm ich ein Zettel und hinterließ ihr eine Nachricht:

Hi Servicekraftkollegin,
vielen Dank noch mal!
Deine Musikauswahl: richtig cool.
Als kleines Dankeschön noch ein Getränk.
LG, dein Nachbar D.25.

Am nächsten Morgen öffnete ich, gefühlt noch im Tiefschlaf, meine Tür, um in den Speisesaal zu gehen, wo ich noch in Ruhe
frühstücken wollte. Am Boden fand ich nun ebenfalls eine Nachricht:

Hallo Kollege,
vielen Dank! So ein Geschenk nehme ich sehr gerne an.
Bis gleich im Speisesaal.
LG D.24.

Sofort schoss Adrenalin in meinem Körper. Wer brauchte jetzt noch einen Espresso? Mit einem Schlag war ich wach, ging ins Zimmer und von dort ins Bad. Noch mal Frisurcheck, noch einmal eine leichte Brise meines Lieblingsparfüms und es konnte losgehen.

Im Speisesaal angekommen, kam mir Iris entgegen, natürlich mit einem ironischen Spruch auf den Lippen. „Na, die muss ja was Besonderes sein.", sagte sie und blinzelte mir zu.
„Bitte?" erwiderte ich.
„So, wie du riechst, könnte man meinen, du hast in Parfüm gebadet."
„Was du nur hast! Meine einzig wahre Liebe bist du!", erwiderte ich und ging mit meinem Frühstücksteller grinsend zu meinem Platz. Gerade am Tisch angekommen, kam Anna vorbei. „Hättest du Lust, mit mir und den anderen heute Abend kurz in die Stadt zu fahren?", fragte sie.

Sie würden sich nur eine kurze Auszeit aus dem Reha-Alltag nehmen und irgendwo etwas trinken.
„Wieso nicht?", antwortete ich cool. Aber auch wenn es für Anna nicht sichtbar war, platzte ich beinahe vor Freude. Mittlerweile war ich in der Lage, an solchen kleineren Ausflügen außerhalb der Klinik teilzunehmen. Trotzdem ging ich in die medizinische Abteilung und gab vorsichtshalber den

Schwestern Bescheid. Wir trafen uns am Parkplatz und fuhren mit drei Autos los. Meinen Sauerstoff nahm ich nicht mit. Ich fuhr voraus, da ich den Weg schon öfter gefahren war. Die vorangeschrittene Abenddämmerung begleitete uns. In Villingen angekommen, fanden wir direkt vor einer Bar drei Parkplätze und entschieden uns deshalb, gleich diese Location auszuprobieren.

Der Wirt empfahl uns einen Tisch, an dem wir alle Platz hatten. Ich fädelte es so geschickt ein, dass Anna mir gegenüber Platz nahm. Sie wählte einen Weißwein, ich gönnte mir ein Glas Wodka- Maracuja und eine Cola.

Nun ja, bei Anna blieb es nicht bei diesem einem Glas Weißwein. Ich ebenfalls und bestellte anschließend noch mal dasselbe ein Glas Wodka- Maracuja und ein Glas Cola. Und endlich wurde ich auch ein bisschen lockerer. Während der Wirt die Getränke verteilte, schaute ich mir Anna noch einmal genau an. Diesen Zauber, diese Aura, dieses Faszinierende, was mich so anzog, seitdem ich ihr vor zehn Tagen zum ersten Mal begegnet war– ja, ihre Ausstrahlung war immer noch genauso magisch. Die Getränke waren verteilt, die Stimmung ausgelassen und im Hintergrund lief entspannte Musik. Anna und ich vertieften uns immer mehr in unsere Gespräche und vernachlässigten, ohne es zu wollen, die anderen. „Erzähl mal, wie kamst Du in die Fitnessbranche und wann hast du angefangen, als Servicekraft zu arbeiten?", fragte ich Anna.

„Ich habe in ganz jungen Jahren eine Zeit lang in einem Basketballverein gespielt, bis es nicht mehr ging.

Um mich trotzdem noch fit zu halten, ging ich zu einem Probetraining in einem Fitnessstudio, es gefiel mir und ich lernte mit der Zeit auch die Mitarbeiter kennen. Irgendwann fragten sie mich, ob ich mir vorstellen könnte, im Service zu arbeiten.", erzählte Anna. „Wie kam es bei dir?"

„Einer meiner Freunde war damals noch in einem Studio tätig. Er fragte mich irgendwann, ob ich Interesse an einem Job dort hätte. Diesen August werden es zehn Jahre, seit ich als Servicekraft dort angefangen habe."

Mit Anna verflog die Zeit unglaublich schnell. Ohne dass wir es merkten, war die Zeit gekommen, uns auf den Rückweg zu machen. Dabei wollte ich noch so viel wissen. Ich fragte, ob sie bei mir mitfahren würde, damit wir unser Gespräch fortsetzen könnten und sie sagte ja. Wir fuhren Richtung Klinik, waren aber so in unser Gespräch vertieft, dass ich eine Ausfahrt zu früh abbog, die zu einem Sägewerk führte. Anna schaute mich verblüfft an und sagte scherzhaft: „So, und jetzt machst du aus mir Kleinholz." Ich erwiderte: „Noch nicht, noch finde ich dich sympathisch."

Wir fingen beide an zu lachen.

In diesem Moment wären sich viele nähergekommen, aber für mich war noch nicht der geeignete Zeitpunkt. Ich versuchte lieber, wieder die richtige Spur zu finden.

Als wir in der Klinik ankamen, hatten uns die anderen schon vermisst. Wir quatschten noch alle zusammen im Gruppenraum, bis die Nachtschwester uns aufforderte, in unsere Zimmer zu gehen. Dort führte mich mein erster Schritt zu meinem Sauerstoffgerät. Ich musste mir selbst eingestehen, dass es doch nötig war, es zu tragen. Mit Jogginghose und Kapuzenpulli begann ich zu inhalieren, als es an meine Tür klopfte.

„Moment" rief ich, aber das konnte man draußen nicht hören. Anna stand vor meiner Tür und fragte mich lächelnd: „Hast Du eventuell eine Flasche Cola für mich? Bin nicht dazu gekommen, mir Nachschub zu holen."
„Klar!", antwortete ich und holte eine Flasche aus meiner Kiste. Während ich sie ihr gab, kamen wir erneut ins Gespräch. Keiner von uns wollte sich verabschieden. Wir redeten und lachten auf dem Flur und vergaßen dabei erneut die Zeit.

Unsere gute Stimmung wurde nur kurz von einer Zimmernachbarin unterbrochen, die sich von unserer Unterhaltung gestört fühlte. Wir sahen einander an und mussten grinsen. Es war unbeschwert und angenehm mit Anna. Wer brauchte schon Schlaf, wenn er sich stattdessen mit so einer Frau unterhalten konnte?
Wir gingen trotzdem vorsichtshalber in mein Zimmer, setzten uns dort auf den Boden und quatschten noch bis vier Uhr

morgens. Dann siegte die Vernunft und wir gingen, getrennt voneinander, schlafen. Beim Frühstück waren wir das Gesprächsthema bei den Patienten, die im selben Trakt wohnten. Alle hatten unsere Unterhaltung auf dem Flur in der Nacht mitgehört und die Zimmernachbarin, die uns „ermahnt" hatte, wurde dafür gefeiert, dass sie die Nachtruhe unserer Mitpatienten gerettet hatte.

Angespornt durch den Vorabend, beeilte ich mich, direkt nach dem Frühstück zu Roland zu gehen, um ihm in einem Vier-Augen-Gespräch eine Frage zu stellen, die mir unter den Nägeln brannte. „Roland, wenn man eine transplantierte Lunge hat, ist es trotzdem möglich, mit jemandem zusammen zu sein, der dieselbe Krankheit hat?" „Ja, wieso nicht? Klar ist es schwieriger, aber wenn man ein paar Sachen beachtet, geht das.

Die Liebe ist ohnehin stärker als alles andere."

Ab einem gewissen Stadium sind Mukoviszidose - Patienten besonders anfällig für pulmonale Infekte jeder Art. Eine Beziehung mit einem anderen Mukoviszidose-Patienten bedeutet für einen lungentransplantierten Patienten ein höheres Risiko, da das für ihn eine besondere Ansteckungsgefahr darstellt.

Meine Fragen waren nicht ohne Grund. Die Mukoviszidose betrifft die Lunge. Einige Patienten schildern ihre Symptome als mild. Ihre körperliche Fitness ist stabil und ihr Immunsystem auch bei Infekten der Lunge stark.

Meine Sorge galt aber eben diesen Infekten. Sollte ich meine Lunge beschreiben, würde ich einen brodelnden Vulkan als Vergleich wählen. Roland fügte hinzu: „Rossi, du wirst niemanden kennenlernen, der nicht mal einen grippalen oder sonstigen Infekt bekommt. Lass mich wissen, wie sich deine Herzdame entschieden hat." Mit diesem Wissen ging ich beruhigt und voller Zuversicht in meinen Reha-Tag.

Am Ende der zweiten Woche schneite es heftig. Es sah sehr beeindruckend aus. Ganz anders, als wir es in einer Stadt wie Stuttgart kennen: Zentimeterdicke Schneeschichten lagen überall und endlich bot sich eine Möglichkeit, den Kamin in der Klinik zu nutzen. Die Kaminecke befand sich im Haupttrakt und war sehr gemütlich. Die Sitzmöglichkeiten standen halbkreisförmig vor dem Kamin und boten Platz für 18 Personen: bunte Stoffsitze und fünf kleine, helle Holztische davor. Ich lud Anna ein, mit mir den Abend dort zu verbringen, und wir hatten Glück, dass noch zwei Plätze frei waren. Wir ließen uns auf die äußeren Sitzplätze des Sofas fallen und konzentrierten uns auf das Feuer. Wir schauten lange und ohne miteinander zu reden, in die Flammen, genau wie die anderen, die mit uns in der Kaminecke saßen, um ebenfalls die kräftigen Farben und Bewegungen des Feuers zu bewundern.

Das Knacken des Holzes war wie eine angenehme Melodie und wir spürten die Wärme auf unserer Haut. Es fühlte sich wahnsinnig schön an. Und sie saß neben mir. Es war ein wundervoller, angenehmer Moment. Es knisterte nicht nur im Kamin, sondern auch zwischen uns und langsam, sehr verunsichert, suchte ich ihre Hand. Ich war überrascht, als sie meine Geste erwiderte und ebenfalls meine Hand nahm. Wir streichelten uns zärtlich und sahen wieder ins Feuer. Wir tranken schweigend unsere Cola, die ich zuvor am Eingang der Rehaklinik gekauft hatte, und plötzlich sprachen wir zum ersten Mal über intimere Dinge: Sie fragte mich, weshalb ich Single war und ob mein gesundheitlicher Zustand immer so war. Ich begann, mich zu öffnen und erzählte, dass ich 2006 beschlossen hatte, keine Beziehung mehr einzugehen.

2

Helena

Damals hatte ich Helena getroffen. Zuerst war sie bloß eine Arbeitskollegin und Freundin, doch aus dieser Freundschaft wurde mehr. Es war ein schönes Gefühl, eine Frau kennengelernt zu haben, die mehr wollte als das übliche „Lass uns Freunde sein", welches ich, dank der Mukoviszidose, schon so oft gehört hatte. Doch leider war es der falsche Zeitpunkt. So sehr ich dafür gekämpft hatte, so sehr ich es mir gewünscht hatte, merkte ich, wie meine Krankheit mich immer mehr in Besitz nahm. Ich wehrte mich mit meinen Gefühlen, doch fand keinen Ausweg. Wie so oft fragte ich meine Freunde und hoffte, dass sie mir die Entscheidung abnahmen. Doch sie konnten mir nur den einen Rat geben: meine Gefühle zuzulassen und sie nicht zu unterdrücken. Ich war körperlich nicht gerade ein Adonis, hatte einen krummen Rücken und meine Beine waren dünn wie Streichhölzer. Ständig hatte ich irgendeinen Infekt. Immer kämpfte ich gegen Atemnot und war dauernd und lange in der Klinik und das mehrmals im Jahr. Permanent musste ich Sekret abhusten und öfter als sonst inhalieren. Alles wurde immer schlimmer. Ich merkte, dass die Krankheit mich erobert hatte. In solchen Momenten zeigt die Mukoviszidose ihr wahres, hässliches Gesicht. Nur eines hatte ich noch zu bieten und das konnte mir selbst meine Krankheit nicht nehmen: Meinen Humor, mein Lachen. Ein Lachen, das Helena offenbar überzeugte, denn sie besuchte mich ständig im Krankenhaus und blieb stundenlang bei mir. Wir hielten uns an den Händen, quatschten über die Arbeit, über uns und über banale Dinge, über die wir so schön gemeinsam lachen konnten.

Es war schön! Sie war schön. Schön für den Augenblick.

Ich hatte oft das Glück, in einem Einzelzimmer untergebracht zu sein. Als sie eines Abends mein Zimmer betrat, merkte sie sofort, dass etwas mit mir nicht stimmte und ich kam gleich zum Thema: Ich sagte ihr alles, was ich empfand. Dass es mir seit Tagen auf dem Herzen lag, dass mir klar war, welches Glück ich hatte und dass jeder in einer solchen Situation froh wäre, einen Menschen wie sie an seiner Seite zu haben. Eine starke, wunderhübsche, gebildete Frau, die einem trotz allem das Gefühl gab, begehrt zu sein. Die einzig kluge Konsequenz wäre gewesen zu sagen „Lass uns ein Paar sein", denn ich empfand so viel mehr für sie als nur Freundschaft. Aber ich konnte es nicht. Ich freute mich jeden Tag, sie zu sehen. Sie war mein absolutes Highlight. Ich konnte es morgens gar nicht erwarten, sie zu sehen, zu spüren und Zeit mit ihr zu verbringen. Mein Herz wollte sie so sehr. Doch meine Lunge machte es mir nicht möglich. Ihr Glück war mir so viel wichtiger als mein Eigenes.

Ich wollte ihr nicht im Weg stehen. Sie hatte noch viel vor sich und konnte so viel erleben. Was konnte ich ihr denn bieten, außer meiner kleinen Welt in Stuttgart und einen kaputten Körper? Ich arbeitete zweimal in der Woche für vier Stunden in einem Fitnessstudio, wohnte bei meinen Eltern, konnte in guten Phasen hier und da eine Nacht in einem Club feiern gehen, verbrachte aber die meiste Zeit in der Klinik.

Die Krankheit bestimmte meinen Alltag und mein Leben. Sie entschied, wie mein Tag ablief, was ich tun konnte und was nicht, sie stellte die Regeln auf. Und ich konnte mich nur fügen. Ich hätte es mir nie verzeihen können, wenn ich zugelassen hätte, dass sie bei mir bleibt und so viel verpasst. Ich konnte nicht mit dieser Verantwortung umgehen. Ich wollte, dass sie jemanden an ihrer Seite hat, der sie beschützen konnte, wenn es darauf ankam, einen Freund, der die Dinge anpacken konnte. Jemanden der, wenn es an der Zeit war, mit ihr eine Familie gründen würde.

Ich liebe Kinder so sehr, aber ich kann nicht einmal einen Kasten Cola in den ersten Stock tragen, geschweige denn ein Baby. Ihre Augen füllten sich langsam und nach kurzer Zeit liefen die ersten Tränen ihre Wange hinunter, als ich ihr das alles sagte. Sie wolle all das nicht hören, flehte mich an, uns eine Chance zu geben. Ich wusste von anderen Patienten, dass sie es geschafft hatten, eine Beziehung zu führen. Doch ich konnte nicht. Meine Liebe und mein Mut waren nicht stark genug, um an uns zu glauben, denn ich dachte immer nur an all das, was ich ihr nicht geben konnte. Und das war der Moment, in dem ich mir schwor, dieses Leid nie wieder ertragen zu müssen. Ich wollte nie wieder in diese Situation kommen. Nie wieder wollte ich mich verlieben. Nie wieder dieses Gefühl von Schwäche aushalten müssen. Wollte nie wieder, dass eine Frau auf mich Rücksicht nehmen musste.

Seitdem habe ich es geschafft, mich nicht mehr zu verlieben und seitdem trage ich ein Gedicht von ihr bei mir im Geldbeutel, um mich jedes Mal an meinen Schwur zu erinnern.

Ich habe es mittlerweile so oft gelesen, dass ich es auswendig kann:

(Spuren)

Es ist nicht nur ein Lächeln, ein Moment, der in Glück verstreicht. Es bleibt viel mehr als ein Geruch, ein Blick in Deine Augen. Du kannst es nicht halten, nicht fassen, was Du erlebst.

Keine Worte können dies beschreiben. Ein Bild kann es zeigen, was Du fühlst und siehst, was Du erlebst und behältst, was du brauchst und was nur begleitet.

Spuren Deines Lebens zeichnen sich in unseren Herzen, Spuren bleiben Dir! Schön, dass es Dich gibt.

Deine Helena

Das soll mich immer warnen und mich erinnern, wieso ich Single bin.

Anna schwieg nach meiner Erzählung und starrte ins Feuer. „Kannst du es dir jetzt vorstellen? Also kannst du dir jetzt vorstellen, dass dein Mut reichen könnte?", fragte sie nach einer Weile leise. Ich schaute sie an, zuckte mit den Schultern und wollte hinzufügen, „wozu noch eine Beziehung", aber entschied mich, ihr keine Antwort zu geben, sondern stellte die Gegenfrage und sie begann, mir ihre Geschichte zu erzählen. Wir redeten noch lange und als der Abend sich dem Ende zuneigte, fiel es uns schwer, uns zu verabschieden. Als ich im Bett lag, fragte ich mich, was da gerade mit mir passierte. Mein Innerstes drehte sich im Kreis und ich war völlig verwirrt.

Wollte ich das wirklich? Ja, so gerne.

Konnte ich das überhaupt? Nein, wahrscheinlich nicht.

Und trotz all meiner unverändert schwierigen gesundheitlichen Situation kam noch diese eine Frage dazu. Die alles entscheidende Frage: ob ich mich transplantieren lassen würde. Die Antwort auf diese Angelegenheit war für mich bis heute nicht klar. Sie war noch in der Schwebe. Eine Antwort, die mir keiner vorgeben konnte. Die Entscheidung, die ich allein treffen musste. Die Zeit raste, mein körperlicher Zustand wurde immer schlechter. Um so einen Schritt durchführen zu können, gibt es Kriterien, die einzuhalten sind, um ein Kandidat für eine Transplantation zu sein. Mir ging es immer schlechter und trotzdem war ich mir nicht sicher. Ich dachte an eine wunderschöne Frau, an Anna, und ich konnte mir vorstellen, mehr zu haben als nur diesen kurzen Zeitabschnitt in der Klinik. Aber vor sechs Jahren war er schon mal da gewesen, ebenso ein Moment, und damals war mein Gesundheitszustand nicht so drastisch wie jetzt. Merkwürdigerweise fiel mir auf, dass obwohl der Mut, der mir vor sechs Jahren gefehlt hatte als auch die Kraft, die ich nicht aufbringen konnte, plötzlich da zu sein schienen, wenn ich an Anna dachte.

Anna tat mir gut.

Bei jeder unserer Begegnungen kamen mein Lächeln, mein Humor und mein positives Denken zurück. Dieses Kribbeln, die Vorfreude, sie zu sehen, und die viele Energie, die sie mir gab, wenn ich bei ihr oder mit ihr zusammen war. So viel, dass ich begann, meinen Zustand zu akzeptieren, und anfing, das Leben und die Liebe wieder zu genießen.

Die dritte Woche war angebrochen. Der ganze Schnee, der noch ein paar Tage vorher vor der Tür gelegen hatte, war verschwunden und die Sonne strahlte so warm, dass es möglich war, an jedem Tag dieser Woche auf der Terrasse oder auf dem Balkon Platz zunehmen und sich zu bräunen, nebenbei Eis zu essen oder Cola zu trinken. Jede freie Sekunde saßen Anna und ich in der Sonne in den Liegestühlen, die ich von einem der Jungs von der Haustechnik im Tausch gegen zwei Flaschen Bier erstanden hatte. Wir waren uns mittlerweile nah, doch auch immer noch fern, aber das störte uns komischerweise nicht. Ich hatte mir von Noah ein Päckchen schicken lassen, nachdem ich ihn beauftragt hatte, etwas für mich zu besorgen: Eine Kette, die ich Anna an unserem letzten Reha- Tag schenken wollte. Eine Kette mit einem herzförmigen Anhänger. Wir verbrachten so viel Zeit miteinander, dass ich mir nicht vorstellen konnte, wie es ohne sie werden würde, und ich hoffte, ich könnte ihr mit einer Erinnerung an mich und unsere gemeinsame Zeit eine Freude machen.

Wir hielten es in der Reha kaum einen Tag ohne einander aus. Wie an dem Tag, an dem Anna mit anderen Patienten zu einem Konzert von Max Raabe fuhr, der in der Stadt gastierte und einige Tickets seiner Show an die Klinik verschenkte.

Unterdessen befand ich mich mit Freunden in einem Restaurant. Sie sahen mir an, dass ich mich erholt hatte, von der Blutattacke und mir der Klinikaufenthalt Kraft gab. Ich erzählte ihnen, dass ich in dieser Reha tolle Menschen kennengelernt hatte, ohne dabei Anna zu nennen. Ich berichtete, dass es doch einfach etwas anderes ist, jeden Tag sehr gute Physiotherapie zu bekommen, das alltägliche Sportprogramm zu absolvieren, von einer überragenden medizinischen Abteilung versorgt zu werden und regelmäßige Mahlzeiten einzunehmen. Dieses Gesamtpaket in der Reha-Klinik passte perfekt zu mir. „Ganz besonders die täglichen Massagen", fügte ich zum Schluss noch schmunzelnd hinzu, „...die aber ohne die sehr guten Kontakte zur Chefetage nicht zu haben wären." Roland verschrieb mir täglich Massagen, obwohl es unüblich war und es wöchentlich normalerweise nur maximal zwei Einheiten für jeden Patienten gab. Meine Damen in der Massage-Abteilung hatten nichts dagegen und versuchten, mich immer irgendwie terminlich unterzukriegen. Sie wussten ganz genau, wie gut es mir tat. Und ich revanchierte mich immer mit kleinen Aufmerksamkeiten.
Wir hatten einen schönen Abend und ich freute mich, dass meine Freunde da waren. Auch wenn ich Anna deshalb den

ganzen Nachmittag nicht sah. Ich schickte ihr eine Nachricht, in der ich mich für den Abend mit ihr in meinem Zimmer verabredete. Um 22:45 Uhr. Denn ganz ohne sie wollte ich den Tag nicht beenden.

Ich weiß noch, dass im Fernsehen das „Kulturjournal" lief. Eine Sendung, die ich früher nie gesehen hatte.

Ich wartete ab und schaltete nicht um, da ein neuer Film mit der Überschrift „Leben und Leiden" vorgestellt wurde, in dem unter anderem ein sehr guter deutscher junger Schauspieler mitgespielt hatte. Der Titel faszinierte mich aufgrund meiner eigenen Geschichte. Es klopfte.

Ich spürte sofort, dass sie es war, lief mit meinem Sauerstoffschlauch zur Tür und öffnete.

Vor mir stand sie mit ihrem bezaubernden Lächeln, wir umarmten uns und schauten uns in die Augen. Ich bat sie herein und wir machten es uns auf dem Bett gemütlich, das auch als Couch diente. Wir tranken zuerst eine Cola. Das war mittlerweile ein festes Ritual geworden. Sie begann sofort zu erzählen, wie toll das Konzert gewesen war und dass sie kurz Herrn Raabe getroffen hatten. Ich sagte ihr, wie schön es war, meine Freunde gesehen zu haben. Wir quatschten über den Tag, berichteten uns, was geschehen war. Der Fernseher lief noch immer, bis ich aufstand und ihn ausschaltete, um meine Playlist abzuspielen: Paul Kalkbrenner. Seine Musik gehörte zu uns. Ich fand, jetzt wäre der Zeitpunkt gekommen, um endlich diesen Schritt zu gehen und sie zu küssen. Ich schaute Anna an. Wärme durchflutete meinen Körper und ich fühlte mich jetzt sicher. Doch noch in derselben Sekunde bemerkte ich, wie nervös ich war. Trotzdem war es richtig. Ich sah in ihre braunen Augen, sie funkelten und ich fühlte, auch sie war bereit. Während sie redete, berührte ich mit meiner Hand ganz zart ihr Gesicht. Ich sah ihr nochmal tief in die Augen. Sie spiegelten all die innere Schönheit, die sie besaß. Lange und intensiv blickten wir uns an, es war soweit. Ich nahm meinen ganzen Mut zusammen. Jeder Herzschlag, jeder Atemzug in diesem Augenblick führte uns näher zueinander. Ich holte tief Luft, so gut es eben ging. Und langsam berührten meine Lippen endlich ganz vorsichtig die ihren.

Ich küsste sie.
Wir küssten uns.
Es war der Kuss.

Dieser Kuss, dieser eine Kuss.

Diese Lippen werde ich nie vergessen. Ich fühlte mich wie ein mit Helium gefüllter Luftballon, der nur im Universum umher schweben wollte. Lediglich mein Sauerstoffschlauch hielt mich noch auf dieser Welt fest. Es war ein Feuerwerk der Gefühle und ich wollte, dass es nie mehr aufhört. Ihre Lippen waren so weich und sie schmeckten nach ihr. Es war unwiderstehlich. Es gab kein Halten mehr, unsere Lippen zogen sich magisch an. Sie lag seitlich unter mir, ich berührte ihren Oberkörper, öffnete Knopf um Knopf ganz langsam ihre blaue Bluse. Sie hatte ein weißes Unterhemd darunter. Meine Hand wanderte zu ihrem dunkelblauen Spitzen-BH, schob ihn zur Seite und ertastete ihre linke Brust.

Ihr gefiel es und ich spürte, wie ihr Herz klopfte, doppelt so schnell wie meins. Ab und zu musste ich kurze Pausen einlegen, um Luft zu holen.

In meiner Nähe lag eine Nierenschale, in die ich mein Sekret abhusten konnte. So musste ich nicht ständig ein Tuch benutzen. Es störte sie nicht und mich merkwürdigerweise auch nicht. Sobald ich wieder Luft und Kraft hatte, machten wir weiter, wo wir aufgehört hatten. Wir gingen zum nächsten Level über und zogen uns gegenseitig die restlichen Kleider aus. Kleidungsstück um Kleidungsstück. Wir streichelten uns sanft, ich berührte ihre weiche Haut, küsste ihren Bauch und bemerkte einen leichten Salzgeschmack, was bei unserer Krankheit üblich war. Ihr Körper, unsere Körper, fühlten sich warm an. Ihre Berührungen nahmen mir den restlichen Atem und es störte sie nicht, dass mein Sauerstoffschlauch immer wieder im Weg war. Wir waren in einer anderen Welt. Einer Welt ohne Fragen, ohne Antworten, ohne Krankheit. Es fühlte sich hervorragend an. Wir küssten uns immer wieder intensiver und unser Verlangen wurde Mal für Mal größer. Wir waren beide sehr erregt und konnten nicht voneinander lassen. Unsere Blicke trafen sich noch mal, dann geschah es: Wir waren leidenschaftlich. Einfach explosiv.

Wir waren eins.

Das erste Mal nach langer Zeit vergaß ich meinen Zustand. Mir war alles egal. Und in diesem Moment wusste ich, dass sie etwas ganz Besonderes an meiner Seite war. Ich wünschte mir, dieser Augenblick würde für immer anhalten. Wir lagen noch die ganze Nacht nebeneinander, ich spürte ihre warme, weiche Haut an meiner Seite und sie flüsterte mir ins Ohr:

„Wieso hast du so lange gezögert?" „Ich, bin sehr schüchtern bei dem Thema, auch wenn es nicht so rüberkommt, bin ich doch sehr unsicher und schaffe es nicht, jemanden den ich sehr mag, anzusprechen oder, in unserem Fall, zu küssen zu versuchen." „Zum Glück hast du mich geküsst," antwortete sie.

„Zum Glück hast du mich zurückgeküsst. Es ist sehr schön mit dir." Ich sah ihr in die Augen und küsste sie erneut. Wir schliefen an diesem Abend zum ersten Mal nebeneinander ein. Am nächsten Morgen, als sie noch immer neben mir lag, konnte ich kaum glauben, was geschehen war. Ich war wie in einer Traumwelt. Wir küssten uns ununterbrochen. Bei jeder

Gelegenheit: im Fahrstuhl, im Gruppenraum oder woanders im Haus.

Ich war happy und fühlte mich so gut wie schon lange nicht mehr. Irgendwann fragte ich Anna: „Wieso?" „Was wieso?" „Wieso hast du mich in deine Welt gelassen? Ich sitze im Rollstuhl, meistens brauche ich Sauerstoff, bin nur Haut und Knochen. Trotzdem bist du an meiner Seite." Während sie mir in die Augen blickte, sagte sie diesen eindrucksvollen Satz:

„Ich habe in deine Augen geschaut und gesehen, was für ein toller Mensch du bist!"

Worte, die mir bis heute in Erinnerung geblieben sind.

Ab diesem Tag war es nicht einmal mehr nötig, jemandem zu sagen, wie gut es mir ging. Man sah es mir an. Ich konnte es kaum erwarten, meinen Freunden zu erzählen, wie glücklich ich war. Ich hatte die tollste, schönste, wunderbarste Frau neben mir. Aber noch behielt ich es für mich, weil ich es ihnen persönlich sagen wollte. Sie sollten sehen, wie verliebt ich war. Eines Abends wollte ich noch ein paar Medikamente holen, als ich mit Schwester Regina im Schwesternzimmer ins Gespräch kam und sie mich fragte, was los sei, weil ich mehr als sonst strahlte. Ich umarmte sie einfach und begann Tränen zu vergießen. Ich weinte und weinte, ich erzählte ihr, wie wunderbar die Liebe sein kann und dass ich sie wieder in mir gefunden hatte, die Liebe, die ich so lange unterdrückt hatte. Und ich sagte ihr, dass ich glaubte, jetzt die Kraft zu haben, noch eine große Hürde zu nehmen: die Transplantation!

Mit Anna, meinen Freunden und meiner Familie an meiner Seite würde es bestimmt klappen.

In der vierten und letzten Woche schliefen wir jede Nacht zusammen ein. Jeden Abend war es ein wunderbares Gefühl und ebenso toll, mit ihr in einen neuen Tag zu starten. Mittlerweile hatte ich es auch geschafft, dass wir im Speisesaal nebeneinandersitzen durften. Natürlich mit Iris' Einverständnis. Sie konnte es in meinen Augen lesen, dass sie ihren ersten Platz als Schwarzwald-Mädel verloren hatte. Bei meiner Abschlussuntersuchung waren meine Werte wieder im akzeptablen Bereich und Roland konnte mich mit ruhigem Gewissen nach Stuttgart entlassen. Im Gespräch fügte er hinzu, dass er sich wünschte, mich noch lange zu behandeln. Ich antwortete: „Roland, keine Angst, ich werde dich noch sehr lange nerven. Er erwiderte: „Hoffentlich, aber für diese Reha reicht es erst mal." Wir umarmten uns und ich verließ das Zimmer. Bevor ich die Tür hinter mir zuzog, sagte ich zu Roland „Ich schulde dir noch eine Antwort, du weißt schon … unser Gespräch letztens."

„Es ist Anna."

Am Vorabend des Abreisetages trafen sich alle Reha-Teilnehmer in der Aula, um den letzten Abend festlich zu zelebrieren. Es wurde ein Buffet aufgebaut und es gab ein Abendprogramm. Hierfür war üblich, dass die Teilnehmer sich einbrachten und etwas vorführten. Ob Kinder, Jugendliche oder Erwachsene - jeder durfte sich austoben. Ich hatte neben meinem Tanz mit Iris auch eine Rolle beim Männerballett. In Tutu und Ballerinas fegten wir durch den Saal. Alles schien zu explodieren, so sehr tobte das Publikum. Wir machten uns vollkommen lächerlich, aber es war eine tolle Party.

Daniela vom Freizeit - Büro war in der dritten Woche auf mich zugekommen und hatte mir für den Abschlussabend im Männerballett einen Platz zugeteilt. Ich hatte sofort meinen Joker gezogen. „Liebe Dani, „ich würde so gerne, aber bin diesmal so geschwächt durch den Anreisetag und das Blut und so. Ich glaube nicht, dass ich ein Okay bekomme von Dr. Dopfer." „Rossi", so fing Daniela an und ich wusste, dass ich in der Klemme sitze, aus ihrer Stimme konnte ich es heraushören. „Ich habe das medizinische Gutachten von Roland eingeholt und du darfst tanzen, ätsch." Mit diesen Worten gab sie mir ein Tutu und die Probezeittermine. Sie wusste, dass ich ihr nichts ausschlagen konnte. Ich konnte immer in ihr Büro stürmen und meine verrückten Ideen, die mir durch den Kopf geisterten, meistens mit ihr umsetzen. Wie damals mit den sechsundvierzig Rosen. Somit übten wir heimlich in der Aula einige Male und die erneute Zugabe gab uns recht, aber zum größten Teil ohne mich, da ich mich so verausgabt hatte.

Nach den beiden Vorführungen merkte ich, dass ich durch den Mangel an Sauerstoff Kopfschmerzen bekam. Ich fragte Schwester Sabine, ob sie mir eine Kopfschmerztablette auf mein Zimmer bringen könnte, da ich vorhatte, mich kurz an mein Sauerstoffgerät zu hängen und etwas auszuruhen, um später weiter an der Abschlussfeier teilnehmen zu können.

Ich gab Anna Bescheid und fragte, ob sie mich begleiten oder bei den anderen bleiben wolle. Doch das war kein Thema: Wir gingen zusammen auf mein Zimmer und legten uns gemeinsam hin. Von Ausruhen war dann nicht mehr die Rede. Keine Minute verging und unsere Lippen waren wieder verschmolzen. Es war jedes Mal wunderbar, diese Frau zu küssen, und es blieb nicht dabei, denn unsere Leidenschaft, uns zu vereinen, war jedes Mal da. Alles, was um uns herum passierte, nahmen wir nicht wahr. Wir waren nur auf uns konzentriert. Urplötzlich klopfte es an der Tür. Wir ignorierten es und machten weiter, doch plötzlich ging die Tür auf. Das Licht ging an und vor uns stand Schwester Sabine. Wir schauten sie an und sie uns.
Verdutzt sagte ich: „Hallo, Sabine!"

„Rossi, ich bringe dir deine Schmerztablette, aber wie ich sehe, brauchst du sie wohl nicht mehr so dringend. Ich lege sie hier auf die Ablage." Dann machte sie zwei Schritte rückwärts nach draußen und schloss die Tür. Anna und ich sahen uns an und es gab kein Halten mehr: Wir lachten Tränen und hielten uns die Bäuche immer wieder unterbrochen von zärtlichen Küssen.

Meine Kopfschmerzen verschwanden wie von Zauberhand und kurze Zeit später gesellten wir uns wieder zu den anderen, um unseren letzten Abend zu feiern. Anna nahm das mobile Sauerstoffgerät an sich und hängte es über ihre Schulter. Ohne Worte gab sie mir den Sauerstoffschlauch und mit zweieinhalb Liter extra Luft, die durch meine Nase strömten, gingen wir in die Aula zurück.

Wir saßen alle noch zusammen und genossen die Musik, irgendwann zog ich Anna an mich und wir zwei tanzten auf der Stelle, ganz sinnlich umarmt zu den Klängen der Musik. Wir waren in unserer eigenen Welt, obwohl die Damen vom Service um uns herum bereits aufräumten. Stuhl um Stuhl wurde aufgestapelt. Die Gläser, die auf den Tischen standen, wurden eingesammelt und weggeräumt.

Wir tanzten weiter. Wir tauchten in die Musik ein und versuchten, uns treiben zu lassen. Man spürte deutlich, dass der Abschied nahte und bei einigen Mädels flossen schon die

Tränen. Die Musik wurde herunter gedreht, das Discolicht von einem grellen weißen Licht abgelöst, die Fenster wurden aufgerissen und jetzt war klar: Die Veranstaltung war zu Ende. Unser Tanz endete abrupt und wir verließen die Aula. Anna und ich gingen erst mal getrennt in unsere jeweiligen Zimmer und vereinbarten, uns nach dem Packen bei mir zu treffen. Anna klopfte, nach gefühlten zwanzig Minuten, an meine Tür.

„Wie, schon fertig?"

„Bin ja nicht wie du, der sein ganzes Hab und Gut mit in die Reha nimmt." Ich gab mir Mühe und versuchte schnell zu sein. Stunden später war auch ich fertig. Wir gingen anschließend in den Gruppenraum und verbrachten mit den anderen noch ein bisschen Zeit. Zusammen ließen wir nochmals alle die Reha Revue passieren. Dann ging ich mit Anna in mein Zimmer und wir verbrachten unsere letzten gemeinsamen Stunden.

Am 30. März, dem Abreisetag, wachte ich im Morgengrauen auf. Der Gedanke, dass sie in wenigen Stunden weit weg von mir sein würde, machte mich etwas nervös. Ich nutzte diesen Moment meines Erwachens, um ihr nochmal beim Schlafen zuzuschauen. Zart und schön sah sie aus. Magisch. Ich ließ mir einige Momente durch den Kopf gehen, die ich mit Anna erlebt hatte, und schmunzelte ab und zu dabei. Der Moment für mich war da. Ich war nun bereit, alles Notwendige zu tun, um weiterzumachen. Leise sagte ich zu mir selber: Bei solch einer Frau und bei solchen Menschen um mich gab es nur die eine Antwort:

Ja zum Leben! Ja zur Transplantation!

In der Klinik herrschte am Morgen das übliche Abreisechaos. Alle Patienten hatten am vorherigen Abend verabredet, dass wir uns zum Frühstück treffen und uns in Ruhe voneinander verabschieden würden. Danach machte ich meine übliche zusätzliche Runde durch die Klinik, um mich bei vielen Mitarbeitern zu verabschieden. Anna packte währenddessen ihre restlichen Sachen und meine ins Auto, denn ich würde sie zum Bahnhof fahren, bevor ich mich auf den Weg in die Heimat machen würde.

Als wir beide startklar waren und im Auto saßen, legte sie ihren Kopf auf meine Schulter und schwieg die ganze Fahrt über. Auch ich hatte nichts zu sagen, obwohl sich meine Gedanken überschlugen.

Am Bahnhof angekommen, blieben uns gerade fünfzehn Minuten, um uns voneinander zu verabschieden. Im Auto fiel mir auf, dass ich nicht mal ein Foto von ihr hatte. Schnell, fast schon panisch, zog ich mein Handy aus der Jacke und schoss ein Bild von ihr. Wir mussten beide darüber lachen, dass wir es in den vier Wochen nicht geschafft hatten, auch nur ein einziges Foto von uns zu machen. Wir stiegen aus, ich holte trotz meiner Einschränkungen ihr Gepäck aus dem Kofferraum und trug ihre Koffer zur Eingangstür des Bahnhofs.

Jetzt war der Moment des Abschieds gekommen.

Wir fassten uns an den Händen und schauten uns an. Um uns der Bahnhofstrubel. Züge rollten ein und fuhren wieder aus, eine Ansage schallte aus dem Lautsprecher: „Achtung! Auf Gleis zwei einfahrender Zug." Im Hintergrund Personen, die hektisch ihre Tickets suchten oder zu ihren Gleisen rannten. Wir sahen uns tief in die Augen, unsere Körper waren weiter eng aneinandergedrückt und wir tauschten immer wieder zärtliche Küsse aus.

Mein Herz schlug wild und sie zitterte am ganzen Körper. Ich sagte ganz leise: „Ti amo, ich liebe dich. Ich will mit dir zusammen sein. Deine Sensibilität, deine Tiefe, deine Frische, dein Humor, dein Timing, dein enormer Wille und natürlich dein Körper hauen mich um. Du hast mir das Licht zurückgegeben, das all die Jahre auf kleiner Flamme brannte. Du gibst mir den Glauben zurück, etwas Besonderes zu sein. Du tust mir gut und egal was passiert, du bist die Luft zum Atmen, die ich zusätzlich brauche."

Ich sah, wie sich eine Träne nach der anderen in ihren Augen bildete und über ihre Wangen lief. Sie fragte: „Und das Risiko? Willst du dich transplantieren lassen? Diese Frage steht noch aus. Und dann?"

„Aber das kann doch ewig dauern, bis ich eine Lunge kriege, wenn überhaupt", erwiderte ich.

„Ich bin dann eine Gefahr für dich", erwiderte Anna. „Ich kann dir so gefährlich werden, wenn es soweit ist. Die Keime, die Infekte, ein Schnupfen, alles kann passieren. Ich weiß nicht, ich will auch. Aber gib mir Zeit und ich melde mich bei dir."

„Bitte, lass es zu. Gib mir deine Hand, lass nicht los. Lass mich nicht warten. Du und ich, wir zwei gehören zusammen. Schau mich noch einmal an, bitte."Wir küssten uns unter Tränen. „Bitte verschwinde nicht aus meiner Welt." Sie stieg in den Zug.

Dann fuhr sie fort.

3
Carpe diem

Obwohl unser Abschied mich traurig gemacht hatte, freute ich mich auf Zuhause. Während der Fahrt hörte ich mit voller Lautstärke meinen momentanen Lieblings-DJ und blickte dabei gedanklich erneut auf vier Wochen Tannheim zurück. Ich verließ nicht nur liebevolle Menschen, die ich einmal im Jahr sah. Ich würde die sehr gute, klare Luft, die meiner Lunge so guttat, vermissen und ich hinterließ einen Ort der Liebe mit der Ungewissheit, ob ich jemals zurückkommen würde. Aber auch die Zukunft wartete auf mich. Ich rief Noah an und fragte ihn, ob er mir mit dem Gepäck behilflich sein könnte. Als ich ankam, wartete er bereits vor der Einfahrt. Während er mir half, mein Gepäck in den dritten Stock zu tragen, konnte er es kaum erwarten, meine Geschichte zu hören.

Nachdem alles erledigt war, gingen wir wieder runter zur Straße, Noah zündete sich eine Zigarette an und dabei erzählte ich ihm total überwältigt vor Freude, dass ich jemanden kennengelernt hatte und dass ich die Kraft und den Willen gefunden hatte, eine Beziehung einzugehen.

„Sie ist es!", diese Worte fielen mir ein, als ich versuchte, Noah meine Geschichte zu erzählen, als er mich unterbrach:

„Wie? Was? Sie ist es?"

„Was meinst du?" Ich wiederholte den Satz.

„Sie ist es die aus dem Flur, Anna."

„Wirklich? Ich wusste es, dass sie dein Typ ist. Ich will alles hören!"

„Ich erzähl dir später mehr, im Moment bin ich noch zu platt. Eins kann ich dir aber jetzt schon mitteilen: Anna ist die Frau, mit der ich es versuchen möchte."

„Moment mal, das weißt du nach einem Monat?"

vor Schreck ließ er fast die Zigarette fallen.

„Ja, als ich sie drei Sekunden lang ansah, wusste ich es sofort."

„Wie geht's jetzt weiter mit euch? Wann siehst du sie wieder?", fragte Noah. In jenem Moment fiel mir ein, dass ich vergessen hatte, ihr die Kette zu geben.

„Sie meldet sich. Sie braucht Bedenkzeit."

„Stopp! Was, warum? Ist das Ganze von ihrer Seite aus nicht so klar wie bei dir?" „Na ja, sie hat noch Bedenken und so, aber ich bin mir sicher. Das wird schon. Zwischen uns passt alles. Wir haben so viele Gemeinsamkeiten, das glaubst du gar nicht. Ich bin verliebt, ich würde sogar umziehen in den Norden." Jetzt mussten wir beide lachen. Jeder, der mich kennt, weiß, dass ich nie meine Stadt, mein Stuttgart verlassen würde.

„Komm erst mal runter! Dich hat es ja echt erwischt." Noah grinste breit. „Es freut mich, mein Freund, dass du es endlich zulässt." Wir verabschiedeten uns, ich kam erst mal wieder an und versuchte, mich Zuhause einzugewöhnen.

Was folgte, war die erste Nacht, die sehr unruhig verlief. Nicht wegen meines Körpers, sondern wegen ihres. Er war nicht bei mir.

An meiner Seite. Es fehlte ihr Duft, ihr leises gleichmäßiges Rasseln, verursacht durch das Sekret aus ihrer Lunge. Ihr salziger Geschmack, wenn ich sie nachts küsste, unzählige kleine Dinge, aber in der Summe: sie. Ich fühlte mich, als hätte man mich halbiert. Ebenso ging es mir am ersten Tag Zuhause.

Weder ein Anruf noch eine Nachricht!

Auf ihrem Profil bei einem sozialen Netzwerk sah ich, dass sie auf diversen Veranstaltungen war. Doch ich hielt still, so schwer es mir auch fiel. Nach drei Tagen, die mir vorkamen wie drei Jahre ohne eine Nachricht von Anna, verabredete mich zuerst mit meiner zauberhaften Cousine Isa und später mit einer meiner beiden besten Freundinnen, Katia. Isa ist die Abkürzung für Isabella.

Die Endung des Namens bedeutet auf Italienisch „Bella, die Schöne". Das trifft auch zu. Isa ist ein Hingucker. Hübsches Gesicht, zierliche Statur, lange dunkelbraun gelockte Haare. Äußerlich scheint sie ein Engel zu sein, aber ihr Temperament hingegen gleicht eher dem eines Teufels. Sie erfüllt das Klischee der sizilianischen Frau. In jungen Jahren spielten wir oft gemeinsam mit unseren anderen Cousinen, während sich unsere Eltern trafen. Der Kontakt riss nie ab, obwohl wir unterschiedliche Schulen besuchten. Eine engere Freundschaft entwickelte sich erst, als ich anfing, auf Partys zu gehen und sie mitnahm. Wir fanden heraus, dass wir dieselbe Musikrichtung mochten und die Lust am Tanzen teilten. Ich wurde eine wichtige Bezugsperson für sie. Wir erfreuten uns gemeinsam an den schönen Dingen des Lebens. Mit der Zeit öffnete ich mich und konnte auch zum ersten Mal meine kleinen Sorgen rauslassen und später auch die großen Probleme des Lebens.

Katia habe ich im Olgäle kennengelernt. Sie war damals in der Ausbildung zur Kinderkrankenschwester. Eine von vielen, aber sie war die einzige italienische Schwesternschülerin, die ich kennenlernte. Von der Statur her klein, ein durchtrainierter, schlanker Körper, pechschwarze Haare. Ihre Haut ist braun gebrannt und sie hatte ein hinreißendes Lachen. Ich sah Katia zum ersten Mal im Untergeschoss der Klinik, als ich auf meinen Aufzug wartete, der mich wieder auf die Station K5 bringen sollte. Sie lief mit einigen Kolleginnen an mir vorbei, unsere Blicke trafen sich kurz und ich hörte, jemanden meinen Namen und meine Station sagen. Katia stach durch ihr Temperament aus der Menge hervor, da sie weder zu überhören noch zu übersehen war.

Wochen später traf ich sie zufällig im Solarium, wo ich jeden März anfing, meine Haut langsam auf den Sommer vorzubereiten.

Ich verließ gerade die Kabine, da sprach sie mich an: „Hey dich kenn ich doch! Du bist der Rossi?" „Hilf mir mal bitte, woher kennst Du mich?", fragte ich.

"Aus der Klinik. Wir haben uns kurz im Untergeschoss getroffen. Du bist ja sehr bekannt auf der Station K5." „OK, sorry, kann mich nicht mehr daran erinnern. Ja, bin eine kleine Berühmtheit. Vielleicht sehen wir uns mal auf der Station". Ich verließ das Studio und dachte mir: Wow, total cool, die Katia.

"Einige Tage danach bekam ich einen meiner zahlreichen Infekte. Wie üblich lag ich auf meiner Station K5 und eines Morgens hatte Katia die ehrenvolle Aufgabe, mich zu wecken: Kaum eine Schwester wollte es sich entgehen lassen, mich zu wecken. Die meisten genossen es sichtlich, mich schon am Morgen zu ärgern.

Es wurde alles nur Erdenkliche veranstaltet: ob Bemalung meines Gesichts, Wasserschlachten mit Spritzen oder eine ebenfalls sehr beliebte Variante: Aufreißen der Fenster im tiefsten Winter. Doch Katia war anders: Sie betrat leise das Zimmer, beugte sich zu mir hinunter und flüsterte mir ins Ohr: „Buon Giorno, lieber Rossi, so schnell sehen wir uns wieder, du hast in einer Stunde den ersten Termin. Darf ich dir etwas zum Frühstücken bringen?"
Von diesem Tag an entstand eine wunderbare Freundschaft zwischen uns beiden. Ich bin meiner Krankheit beinahe dankbar, dass ich durch sie einen Menschen wie Katia gefunden habe, die diesen schwierigen Weg mit mir geht.
Jetzt, als es um Anna ging, brauchte ich also wieder ihren Rat als Freundin und Frau, nicht als Krankenschwester:
„Was soll ich denn machen?", fragte ich sowohl Isa als auch Katia. Doch das, was sie mir unabhängig voneinander rieten, wollte ich nicht hören. Oder vielmehr nicht akzeptieren.
„Rossi", sagte Katia ernst. „Schau, es sind schon ein paar Tage rum und kein Anruf, keine SMS oder Sonstiges.
Ich glaube, sie braucht entweder Zeit oder es kommt nichts mehr von ihrer Seite. Ein Grund könnte eventuell sein, dass sie nicht klar kommt mit deiner gesundheitlichen Situation. Hey, du hast eine schöne Zeit mit ihr verbracht, okay. Aber es

scheint so zu sein, als hätte sie Angst vor dem, was kommen könnte."

Fast schon zornig erwiderte ich: „Nein, das glaub ich einfach nicht. Ich kann mich nicht so täuschen. Diese wunderbaren, intensiven Wochen, diese schönen Momente und Erlebnisse. Dieses Leuchten in ihren Augen, wenn sie mich sah. Diese sehr intimen Gespräche und so vieles mehr. Nein, nein, nein."

„Klar, Du hast schon recht", gab Katia zu. „Aber sie meldet sich halt nicht. Ich würde ihr nicht schreiben. Sie hat dich gebeten, es nicht zu tun und gesagt, sie meldet sich. Ich würde dir dieses Glück so sehr wünschen, mein Schatz. Endlich glaubst du wieder an die Liebe und es ist schon lange her, dass du eine „Beziehung" das letzte Mal in Betracht gezogen, geschweige denn das Wort überhaupt ausgesprochen hast. Sie muss schon etwas sehr Besonderes sein. Schade, dass sie sich nicht mehr meldet, denn man merkt, dass sie in dir etwas bewirkt hat. Du hast ohnehin schon eine tolle Aura, eine tolle Ausstrahlung und gerade noch mehr als sonst. Aber wenn nichts von ihr kommt, dann ist sie selbst schuld. Sie vergibt die Chance, einen einzigartigen Menschen neben sich zu haben."

Ich erzählte Katia auch, dass ich endgültig bereit, war für den großen Schritt. Die Lungentransplantation. Wir nahmen uns in die Arme.

„Das Leben habe ich von beiden Seiten betrachtet, aus dem Hoch und aus dem Tief. Dieser Moment, als ich Blut gespuckt hatte und dachte, es sei nun vorbei. Der Tag danach, als alle meine engsten Freunde, sofort da waren. Du am Telefon, um mir Kraft und Halt zu geben, all die Menschen, die alles gaben, damit ich wieder auf die Beine kam. Und Anna! Die mir wieder gezeigt hat, dass ich noch Liebe spüren und geben kann."

Egal, wie ich mich selbst sah und wie schlecht mein Zustand war. All das hatte mich bekräftigt in meiner Entscheidung, es zu wagen. Die unzähligen Hürden und Stolpersteine, die mein Körper noch bereithielt, zu nehmen. Dieses Leben, das mir geschenkt wurde, dieses einzige Leben festzuhalten und zu genießen. Aufgeben war keine Option. Solange dieses Lächeln noch in mir strahlte. Es waren die schönen Momente, die kleinen Gesten, die ich täglich mit meinem kranken Körper erleben durfte, mit dieser, meiner Lunge. Mit einem Lungenvolumen, das aktuell 0,8 Liter betrug - der Normwert liegt bei 3,5 Litern-, mit dem es sich anfühlte, als atmete ich durch einen Strohhalm ein und aus. Bereits zwölf Jahre hielt ich es aus in diesem Zustand mit diesen Werten und wollte es weiterhin tun.

„Carpe diem!" Nutze den Tag. Mein Lebensmotto. Jeden Tag. Geduldig mit Demut würde ich warten, vielleicht würde irgendwann ein Spenderorgan für mich kommen. Diese eine, meine zweite Chance, die „neue" Lunge, und wenn nicht, würde ich diese Welt trotz allem mit einem Lächeln verlassen.

4

Italo-Schwabe

Ich bezeichne mich als Italo-Schwabe, denn meine Eltern stammen aus Aragona, einer Ortschaft in der italienischen Provinz Agrigent, in Italien. Meine Eltern wuchsen in einer Ortschaft auf, die hauptsächlich von Landwirtschaft geprägt ist. In einer kleinen Seitenstraße waren sie Nachbarskinder: Meine Mama, Jahrgang 1937, die älteste von drei Geschwistern. Mein Papa, Jahrgang 1934 und mit sieben Geschwistern gesegnet. Während des Zweiten Weltkrieges blieb das Dorf fast unversehrt. Erzählungen zufolge verliebten sich meine Eltern erst mit Mitte zwanzig ineinander und kurz darauf läuteten bereits die Hochzeitsglocken. Nach ihrer Hochzeit stellten sie sich die Frage, wohin ihr Weg führen sollte. Es gab die Option, im Dorf zu bleiben und als Landwirte oder Tagelöhner weiter in schlichten Verhältnissen zu leben. Oder man würde das Risiko eingehen und versuchen, ganz woanders neu zu beginnen. So führte sie ihr

Weg Anfang der Sechzigerjahre nach Deutschland, nach Stuttgart.

Die Anfangszeit war für meine Mama sehr schwierig. Sie vermisste alles: das sonnige Wetter, das italienische Essen, ihre Familie und ganz besonders ihre Freunde. Die sprachlichen Schwierigkeiten führten dazu, dass sie sich kaum traute, allein aus dem Haus zu gehen. Alles war fremd für sie. Den halben Tag verbrachte sie allein in der Wohnung, ohne jeglichen Kontakt zur Außenwelt. Ein Telefon hatten meine Eltern in dieser Zeit noch nicht.

Es war ein grauer, dunkler Zeitraum. Und er wurde noch dunkler, als zwei Fehlgeburten hinzukamen. Meine Mama hielt es in Stuttgart kaum noch aus. Sie wollte nach Hause. Zurück nach Italien, zurück nach Sizilien, zurück in die kleine beschauliche Ortschaft, einfach nach Hause.

Die Koffer waren schon gepackt, als sie eine Stelle in der Firma angeboten bekam, in der auch mein Papa arbeitete. Beide diskutierten lange und entschieden, es noch ein letztes Mal zu versuchen, für den Traum einer besseren Zukunft. Sie haben diesen Schritt im Nachhinein nie bereut, erzählte meine Mama immer. Sie hatten immer den Traum, Geld zu verdienen und nach ein paar Jahren zurück in die Heimat zu gehen, um sich dort etwas aufzubauen. Eine Vision, die wohl nicht wenige Immigranten teilten. Doch als wir Kinder kamen, war das kein Thema mehr.

Meine Eltern bekamen drei Kinder: meine beiden Schwestern und mich. Mein Papa hat sich immer einen Sohn gewünscht. Den er auch bekam. Nur leider unheilbar krank. Bei meiner Geburt war ich 48 cm groß und 3500 Gramm schwer und bis dahin schien alles normal zu sein. Es sah aus, als hätten sie einen wunderbaren, gesunden und dazu wunderschönen Jungen bekommen. Die ersten Monate verliefen normal, abgesehen von gelegentlichen Hustenattacken- und ab und zu lief meine Nase.

Zu Beginn meines zweiten Lebensjahres häuften sich die Infekte und auch der Stuhlgang hatte sich für dieses Entwicklungsstadium untypisch entwickelt. Zudem bemerkten meine Eltern, dass ich salziger schmeckte als meine Geschwister, wenn sie mich küssten. Das veranlasste sie, zu meinem Kinderarzt zu gehen und ihn auf diese Auffälligkeiten aufmerksam zu machen.

Beide waren schon mehr als zehn Jahre in Stuttgart, doch beherrschten beide kaum die deutsche Sprache.

Aber was sie mit der Sprache nicht schafften, versuchten sie mit Händen, Füßen und Zeichnungen, um sich zu verständigen. So kam mein Arzt auf die Idee, es könnte sich um die seltene Krankheit Mukoviszidose handeln, von der er damals zufällig bei einem Kongress gehört hatte. Auf dem ebenfalls erwähnt wurde, dass viele südländische Mitbürger betroffen seien. Sofort überwies er mich in die Kinderklinik, die nur vier Straßen von meinem Elternhaus entfernt lag. In Stuttgarts Kinderkrankenhaus Olgahospital, auch genannt „Das Olgäle". Nach einem Schweißtestverfahren, das heute immer noch ein Standardverfahren ist, wurde mein Gendefekt festgestellt.

Der schmerzfreie Test beruht auf dem erhöhten Kochsalzgehalt (Natrium-Chlorid) im Schweiß der Betroffenen. Gemessen wird die Chloridkonzentration. Werte über 60 mmol/l bestätigen den Verdacht einer Mukoviszidose. Mein Wert lag deutlich darüber. Jetzt war es offiziell. Diese Mukoviszidose gehörte zu mir. Ein Leben lang. Meine Krankheit, die maßgebend war und ist für mein Zustand. Bei den ersten Gesprächen damals sagten die Ärzte meinen Eltern, ich würde mit etwas Glück sechs Jahre alt werden. Durch ihre Sprachbarriere verstanden sie nicht wirklich, worum es ging, und ließen sich deshalb zum nächsten Termin von einem Bekannten begleiten, der übersetzen sollte.

Diesem fiel es sichtlich schwer, meinen Eltern noch mal in ihrer Muttersprache mitzuteilen, was er hörte: „Il vostro figlio potrebbe non raggiungere il suo sesto compleanno." „Euer Sohn wird seinen sechsten Geburtstag wohl nicht erleben." Mit einfachen, drastischen Worten erklärte er ihnen, sie müssten aufpassen, dass ich mir keinen Schnupfen oder anderen Infekt einfange und dass Zigarettenrauch natürlich auch Gift für mich sei.

Die erste Maßnahme meines Papas: Er hörte sofort mit dem Rauchen auf. Meine Eltern trauten dem „Dotore Tedesco" dem deutschen Arzt nicht so recht, wenngleich sie auch das Gefühl hatten, mit mir stimme etwas nicht. Deshalb taten sie in dieser Zeit alles, damit es mir so gut wie möglich ging. Trotz all ihrer Anstrengungen befand ich mich oft in der Klinik und wurde mit den damals zu Verfügung stehenden Mitteln und Medikamenten behandelt. Jedes Mal war diese Angst mit dabei, erzählte mir meine Mama.

Die Aussage des Arztes hatte sich trotz ihrer Zweifel fest bei meinen Eltern eingebrannt. Natürlich gab es auch zu dieser Zeit Physiotherapeutinnen, die mit mir spielerisch Gymnastik oder Atemübungen machten. Immer war ein Elternteil bei den Therapiestunden dabei. Alle Übungen, die ich vorturnte, wurden abends zuhause wiederholt. Wir bekamen von der Krankenkasse einen Gymnastikball, eine Matte und einen Keil zur Verfügung gestellt. Die Übungen machte ich spielerisch, aber mit Selbstdisziplin. Disziplin ist für mich lebensnotwendig und wird mich bis zum Ende meines Lebens begleiten.

Die vorhergesagten sechs Jahre vergingen und ich lebte immer noch. Meine Eltern hatten inzwischen ein wenig Deutsch gelernt, so viel, dass sie sich bei meinen Aufenthalten auf der Kinderstation gut verständigen konnten. Der kleine Rest wurde, wie immer, mit Händen und Füßen erklärt und Probleme meistens so gelöst. Die Atmosphäre auf der Station K5, die glücklicherweise kindgerecht eingerichtet war, spielte eine wunderbare Rolle in meinem Leben und ich fühlte mich dort sehr wohl. Die Schwestern durfte man mit ihrem Vornamen ansprechen.

Sie hatten auch ein sicheres Gespür für den richtigen Umgang mit mir. Frau Müller und Frau Potrich übernahmen ab und an die Mutterrolle. Meine Eltern spürten, wenn sie nach Hause gingen, dass ich in sehr guten Händen war. Mit der Zeit ging es mir besser und mein gesundheitlicher Zustand und die Aufenthalte im Krankenhaus wurden kürzer und weniger.

Die Weiterentwicklung der Medikamente und der Physiotherapie gingen massiv voran und so erreichte ich ohne große Fehlzeiten in der Schule meinen Abschluss. Meine Eltern waren in Sachen Erziehung locker, sie hielten nichts davon, mich in Watte zu packen, weil ich krank war. Für sie war wichtig, dass ich viel an der frischen Luft war und Spaß hatte an allem, was ich tat, aber nur, solange alle Maßnahmen eingehalten wurden. Bei diesem Punkt brauchten sie sich keine Sorgen zu machen. Disziplin war mir inzwischen in Fleisch und Blut übergegangen.

Meine Eltern waren in der Erziehung unkompliziert. Dieser Weg, der dem Umstand der Sprachbarriere geschuldet war, ebenso wie der Unwissenheit über all die Gefahren, die überall hätten lauern können für mich, war für uns alle genau der Richtige.

Ich war stolz gewesen, allein ohne die sprachliche Unterstützung meiner Eltern zunächst einen Hauptschulabschluss gemacht zu haben. Ich kann mich noch genau an die Worte meines damaligen Klassenlehrers erinnern: „Rossi, eine Lehre wäre besser. Einen höheren Schulabschluss schaffst du nie."

Meine Gier nach Wissen war jedoch noch nicht gestillt und ich hatte Lust, mich schulisch weiterzubilden.

Deshalb meldeten mein Freund Tomi, den ich seit dem Kindergarten kannte, und ich uns an der kaufmännischen Wirtschaftsschule an. Wir machten den Realschulabschluss. Dabei lernten wir Noah kennen, der in die Parallelklasse ging.

Er war der Schlüssel zu einem meinem besonderen Freundeskreis.

5

Tomi

Meinen ältesten und besten Freund Tomi kenne ich schon seit dem Kindergarten. Richtig wahrgenommen habe ich ihn aber erst in der fünften Klasse: Seit unserer gemeinsamen Zeit auf der Hauptschule sollten sich unsere Wege nicht mehr trennen. Da wir in derselben Straße wohnten, gingen wir gemeinsam zur Schule und wieder nach Hause. Wir trafen uns jeden Morgen an Tomis Elternhaus, in dem sich auch eine Bäckerei befand, wo wir uns mit Süßigkeiten und Pausensnacks eindeckten, bevor wir zur Schule gingen. In der Klasse waren wir beide unauffällig, schlossen aber schnell Freundschaften mit anderen Mitschülern. In unserer Klasse hatte jeder einen Spitznamen. Bei mir wurde lange überlegt, wie man mich nennen könnte. Es standen unter anderem die Namen Peppino und Luigi zur Auswahl. Irgendwann wurde ich nach einer Zeichentrickfigur benannt die, wie ich, aus Italien kam, recht klein war und einen dicken Bauch hatte, der an meinem Blähbauch nach jeder Mahlzeit erinnerte. Dieser Blähbauch war der Krankheit geschuldet. Die Bauchspeicheldrüse (Pankreas) produziert Enzyme, die für die Verdauung notwendig sind. Da bei mir die Funktion der Bauchspeicheldrüse gestört ist, muss ich einen Enzym-Ersatz in Form von Granulat, oder später auch in Form von Tabletten, zu mir nehmen. Es kam oft vor, dass die Dosierung

nicht passte. Die Folge war Verstopfung. Der Nebeneffekt war oft ein dicker Blähbauch. Außerdem hatte diese Figur einen ähnlichen Namen wie ich: Rossi.
 So war mein Spitzname geboren.

Ab der siebten Klasse gab es zwei Hypes. Den Rollschuh-Hype und der Skateboard-Hype. Wir entschieden uns für den Hype ohne Brett. Doch statt einfach Rollschuhe zu kaufen, bastelten wir uns unsere eigenen. Jeder hatte irgendwo zu Hause ein Paar Schuhe rumliegen, die man zu Rollschuhen umfunktionieren konnte.

Eine Eisenplatte wurde an der Sohle befestigt und mit jeweils zwei Rollen vorne und zwei Rollen hinten verschraubt. Nach der Schule ging es sofort mit Tomi und den anderen Schulkameraden zum Schlossplatz und wir verbrachten die gemeinsame Zeit mit Rollschuhlaufen. Es gab keinen Tag, an dem Tomi und ich nicht beisammen waren. Wir gingen zusammen zum Handball, wo wir bis zur B-Jugend erfolglos, aber mit viel Spaß trainierten und Ligaspiele oder einige Turniere spielten. Unser erster Ausflug ins Nachtleben führte uns in eine Tanzschule, in der samstags „Disco-Tanz" angeboten wurde. Die Sonntage verbrachten wir nicht morgens in der Kirche, sondern meist im Kino Kolibri. Dort schauten wir für den Eintrittspreis von fünfzig Pfennigen Filme an. Unsere Eltern sahen das nicht gern. Konzerte, die meistens Hip-Hop orientiert waren oder andere

Veranstaltungen in der Nähe gab es ohne uns beide nicht. Wir fuhren zusammen in den Urlaub. Tomi besuchte mein Sizilien und ich sein Kroatien. Und natürlich bauten wir auch viel Mist. Unseren größten Unsinn machten wir im Jahr 1991, als wir an einem Nachmittag die neusten Sportklamotten in den hippen Sportgeschäften der Innenstadt ansahen.

Wir probierten Schuhe, T-Shirts und diverse Trainingsanzüge an. Vor einem großen Kaufhaus blieben wir stehen und schauten uns an und ich fragte Tomi, wie er es fände, wenn wir da hineingehen und einen Trainingsanzug mitgehen lassen würden. Wir hatten mitbekommen, wie Schulkameraden damit angaben, erfolgreich geklaut zu haben und wie leicht so ein Diebstahl gewesen sei. Natürlich reizte auch uns der Gedanke, es zu versuchen. Ein Gangsterduo war soeben geboren. Wir betraten selbstbewusst das Kaufhaus, liefen zielgerichtet zur Rolltreppe und fuhren hoch bis zur Sportabteilung. Wir schauten in alle Richtungen und sahen weit und breit keinen Hausdetektiv. Ich ging zum Kleiderständer, an dem die Trainingsanzüge hingen, nahm einen in meiner Größe von der Stange und gemeinsam gingen wir mit unserer „Beute" zur Umkleidekabine. Tomi stand vor der Kabine Schmiere und flüsterte ständig hinein: „Beeil dich!", während ich mich auszog, hektisch in den Trainingsanzug schlüpfte und anschließend wieder meine Klamotten drüberzog. Ich öffnete den Vorhang der Kabine und spätestens in diesem Moment hätte uns auffallen müssen, dass ich Ähnlichkeit mit einem Michelin-Männchen hatte.

Eine Verkäuferin sah uns an, aber ging ohne ein Wort an uns vorbei. Wir gingen zurück zur Rolltreppe und konnten es kaum erwarten, den Ausgang zu erreichen. Schweißgebadet standen wir auf der Treppe und es fühlte sich an, als würde sie sich in Zeitlupe bewegen. Unsere Nervosität war wohl weder zu übersehen noch zu überhören. Wir unterhielten uns über den Golfkrieg, der in aller Munde war und als wären wir gerade auf einer Podiumsdiskussion, statt unauffällig zu sein, zogen wir eher die Aufmerksamkeit aller auf uns. Am Ausgang angekommen, sahen wir bereits das Licht der Freiheit. Nur noch ein paar Schritte, und unser erster großer Coup wäre unter Dach und Fach. „Stopp! Wir sind die Hausdetektive. Würden Sie beide bitte mit uns kommen?" Im Büro bat mich einer der Herren, zuerst meine Klamotten und dann den Kaufhaus-Trainingsanzug auszuziehen. Sie nahmen unsere Personalien auf und riefen die Polizei. Die beiden Herren musterten uns und konnten ihre Meinung leider nicht für sich behalten: „Also meine Herren, wir sind schon lange in diesem Geschäft, aber solche Vögel wie euch zwei haben wir lange nicht erlebt. Auffälliger verhalten kann man sich kaum, und wenn man schon einen Trainingsanzug klaut, sollte man eventuell nicht den leeren Bügel in der Kabine hängen lassen. Vielleicht überlegt ihr euch eine andere Perspektive für die Zukunft, denn mit dem Klauen wird das nichts." Ich witterte unsere Chance und fragte zerknirscht, ob man uns denn nicht gehen lassen könnte, wenn wir versprechen würden, das nie wieder zu tun.

Keine Chance.

Die Polizei nahm uns kurz darauf mit auf die Wache und wir wurden wegen Diebstahls angezeigt. Unsere Personalausweise hatten wir nicht bei uns, weshalb man unsere Mamas anrief. Wir bettelten die Beamten an, es nicht zu tun, boten ihnen an, freiwillig ins Gefängnis zu gehen oder zurück in die Heimatländer unserer Familien, denn alles klang in dieser Situation in unseren Ohren besser, als unsere Mamas anzurufen. In Rekordgeschwindigkeit waren unsere Mütter vor Ort und ihre Gesichtsausdrücke ließen uns das Schlimmste erahnen. Wir waren uns sicher, dass in diesem Moment kein Schwerverbrecher der Welt mit uns tauschen wollen würde. Auf unserer Stirn sammelte sich bereits der Angstschweiß, als wir die Wache verließen, um mit unseren Mamas zur U-Bahn zu gehen. Während wir auf die Bahn warteten, sagten sie keinen Ton und wir fingen schon wieder erleichtert an, miteinander zu scherzen. Doch das war ein großer Fehler.
Wenn Mütter nämlich anfangen, ihre Kinder in ihrer Landessprache zu fragen, was es da zu lachen gäbe, kann man davon ausgehen, dass die nächste Backpfeife nicht weit ist. So auch in unserem Fall. Zack Boom, die Erste saß.

„Autsch" doch damit nicht genug: Zu Hause wurden unsere Papas ins Boot geholt, die knallhart zwei Wochen Hausarrest und Fernsehverbot verhängten. Damit waren unsere Karrieren als Verbrecher beendet.

Wir zogen es vor, uns an der Wirtschaftsschule anzumelden, um den legalen Weg einzuschlagen.

Tomi vertraute ich blind, aber eins erzählte ich ihm noch nicht: dass ich Mukoviszidose habe.

Natürlich gingen wir weiter in dieselbe Klasse. Tomi hatte als Erster von uns beiden, unseren Freund Noah aus der Parallelklasse kennengelernt. Ich freundete mich etwas später mit ihm an und damit waren wir fortan zu dritt unterwegs. Wir waren komplett auf einer Wellenlänge und verstanden uns super. Meine Unternehmungen mit meiner damaligen alten Clique, von der Tomi kein Teil war, gingen nach einem letzten gemeinsamen Sizilien-Urlaub langsam auseinander, ich orientierte mich neu und fand Anschluss bei Noah und Tomi, die mir jeden Montag in der Schulpause von Hip-Hop-Clubs erzählten, die sie am Wochenenden besucht hatten und die mein Interesse weckten. Deshalb fragte ich irgendwann, ob sie mich dahin mitnehmen würden. Gesagt, getan: Am darauffolgenden Samstagabend holte ich zuerst Tomi mit meinem Wagen ab, denn ich war der Einzige von uns, der ein

Auto besaß: einen coolen, blauen Gebrauchtflitzer. Für mich so sportlich und so edel wie ein bekannter italienischer Rennwagen. Die Rolle des Fahrers gefiel mir ganz gut. Mein italienischer Flitzer hatte nichts Außergewöhnliches, bedeutete für mich jedoch maximale Freiheit. Tomis Wohnung befand sich im vierten Stock. Unsere Wohnungen lagen nur fünfhundert Meter Luftlinie auseinander, ich hatte es gar nicht weit. Trotzdem wurde immer mehr mit dem Auto unternommen.

Meine Beine wurden nach Erhalt meines Führerscheines motorisiert.

Eine von Tomis Schwächen war sein fehlendes Zeitgefühl. Wenn man ihm Bescheid gab, dass man unten vor der Haustür stand, fing er erst an, sich für den Abend vorzubereiten: mit Duschen, Rasieren, Klamotten aussuchen, Haare stylen usw. Er stieg also gefühlt Stunden später ins Auto.

Bevor wir losfuhren gab mir Tomi eine selbst gemachte CD, die ich in meinen Player schob. Ich drehte voll auf, der Beat dröhnte aus den Boxen. Die vorderen Fenster wurden auf beiden Seiten runter gedreht und wir legten die Gurte an. Der sechzig PS starke Motor wurde gestartet. Wir fuhren vom, meiner Meinung nach, schönsten Stadtteil Stuttgarts, dem Stuttgarter Westen, zu Noah an den Marienplatz in den Stuttgarter Süden, der damals noch eine heruntergekommene Gegend war. Bekannt als sozialer Brennpunkt und berüchtigt als Umschlagplatz für Drogen.

Am Marienplatz angekommen, stiegen wir aus und besuchten zuerst Noah in seiner Altbauwohnung, die er mit seiner Schwester teilte, bevor wir weiterzogen. Er bot uns etwas zu trinken an und erzählte uns beiläufig, dass er ein Flüchtlingskind war und mit seiner Familie schon in sehr jungen Jahren aus seiner Heimat Eritrea fliehen musste, da dort Krieg herrschte. Nach einigen Übergangsstationen in anderen Ländern kam die Familie irgendwann in Stuttgart an und lebte eine Weile in Notunterkünften, bis sich eine Wohnung fand. Bevor ich Noah traf, hatte ich das Thema „Flüchtlinge" nur aus dem Fernsehen gekannt und war umso beeindruckter, jetzt leibhaftig einen davon zu kennen und Fragen stellen zu dürfen.

Zum Beispiel die nach seinen Eltern, die er mir umgehend beantwortete: Sie waren, nachdem sich die Lage in Eritrea beruhigt hatte, zurück in die Heimat gegangen, während Noah und seine Schwester in Deutschland blieben.
Wir redeten eine Weile über Noahs Geschichte, bis wir uns entschlossen, uns auf den Weg zu diesem Club zu machen, in dem ich noch nie gewesen war. Er hieß MGM, lag außerhalb von Stuttgart in Kornwestheim, und war ein reiner Hip-Hop-Club. Wir stiegen in mein Auto und hörten zur Einstimmung auf den Abend erneut Hip-Hop-Songs. Wir fühlten uns

wahnsinnig cool, der Beat dröhnte durch die Boxen und wir fuhren los.

Jeder sollte uns sehen und hören.

Die drei coolsten Jungs, die Stuttgart zu bieten hatte, waren am Start. Die Straße sollte uns allein gehören. Auf dem Weg hielten wir noch an einer Tankstelle an. Die Jungs holten sich etwas Alkoholisches für die Fahrt. Ich blieb an diesem wie an „fast" allen anderen Abenden, an denen ich fahren durfte, komplett nüchtern und trank meine Cola. Am Ziel angekommen, fielen mir sofort die vielen Autos auf dem Parkplatz auf. Wir stiegen aus und liefen auf den großen grauen Betonkasten zu. Am Eingang standen zwei sehr kräftige, in Schwarz gekleidete Türsteher. Tomi und Noah kamen ohne Probleme an ihnen vorbei, doch als ich hineinwollte, hörte ich zum Ersten doch leider nicht zum letzten Mal den Satz:
„Hey, Stopp, Wie alt bist du?"
„Ich?" fragte ich verdutzt. „Ich bin einundzwanzig Jahre alt." „Wirklich? Ausweis bitte!"

Mein Problem war, dass ich mit einundzwanzig Jahren gerade ein Gewicht von knapp einundvierzig Kilogramm und eine Körpergröße von einhundertfünfzig Zentimetern vorweisen konnte.

In meinem Gesicht waren vereinzelte Barthaare zu erkennen, die ich selbst stolz als Bartwuchs bezeichnete, die anderen aber nicht mal auffielen. Also zeigte ich notgedrungen meinen Ausweis vor. Nach einem kurzen weiteren Kontrollblick ließen mich die Türsteher doch passieren. Wir gaben unsere Jacken ab und begaben uns direkt zur Bar. Die zwei legten los. „Zwei Jacky-Cola bitte und eine Cola noch dazu." sagte Tomi zur Bedienung hinter dem Tresen. Ich brauchte diesmal nichts Alkoholisches, um mich in Laune zu bringen. Was mich sofort in seinen Bann zog, war etwas ganz anderes: die Mischung aus Lichteffekten, dem Ambiente, der Stimmung, der Nebelmaschine und dem Beat aus den Boxen. Ich spürte den Rhythmus, sah mir die Menschen an, die sich dazu bewegten und begann plötzlich, es Tomi und Noah nachzumachen, die längst auf der Tanzfläche verschwunden waren. Ich ließ mich von den Schwingungen der Musik treiben und mitziehen, setzte die Musik in Bewegungen um. Vielleicht sah es komisch aus, doch keiner lachte mich aus, weshalb ich einfach weitertanzte. Meine Freunde hatten es später schwer, mich wieder von der Tanzfläche zu holen, um sie nach Hause zu fahren. Von diesem Abend an waren wir erst mal wöchentliche Stammgäste in diesem Club. Es sollte der Anfang einer unfassbar langen Discokarriere für mich werden.

6

Mein Tumor

Am 12.06.1991 bemerkte ich morgens, dass sich an meinem linken Auge eine leichte Schwellung gebildet hatte. Zuerst überlegte ich, ob ich eventuell in der Nacht von einer Mücke gestochen worden war. Konnte mich aber an nichts Derartiges erinnern.

Im Laufe der Stunden wurde mein linkes Auge immer dicker und bis zur Mittagszeit war es komplett zugeschwollen. Ich konnte fast nichts mehr sehen. Meine Eltern besuchten gerade meine Schwester, die kurz vor der Geburt ihres ersten Kindes stand. Also beschloss ich, allein in die Klinik zu gehen, um mein Auge kontrollieren zu lassen. Da ich nicht in der Lage war, Auto zu fahren, nahm ich die öffentlichen Verkehrsmittel und fuhr in die Notaufnahme. Dort angekommen, schickte mich die Dame vom Empfang in die Augenklinik am anderen Ende der Stadt. Nachdem ich eine gefühlte Ewigkeit wieder mit den Öffentlichen dorthin unterwegs gewesen war, sah sich ein Augenarzt mein Auge an und schickte mich mit einem Konsilschein sofort zurück in die Klinik. Okay. Ich blieb ruhig und nahm erneut den Bus zurück in die Ambulanz. Wieder am Ausgangspunkt angekommen, war ich am Ende meiner Kräfte. Keine Cola und kein Essen, das ich zu mir nehmen hätte können. Fast zwei Stunden später war ich an der Reihe, gab alles Notwendige dem zuständigen Arzt. Doch bevor ich noch etwas sagen konnte, wurde mir schwarz vor Augen und ich lag auf dem Boden des Behandlungsraums.

Als ich wieder zu mir kam, blinzelte ich direkt in ein grelles Licht aus einer Lampe in einem Operationssaal.
Ich lag auf einem Operationstisch. War das ein Traum? Wenn ja, dann war es ein Albtraum!

Um mich herum Personen mit Kitteln und Mundschutz, die beschäftig wie die Bienen irgendetwas taten. Leider war dies kein Traum. Ich wurde gefragt, wann ich zuletzt etwas zu mir genommen hätte. Dann wurde mir die Einwilligung für die Operation unter die Nase gehalten, die ich unterschrieb, und schon schoss das Narkosemittel in meine Adern. Fast fünf Stunden später war ein gutartiger Tumor am linken Auge nicht ganz spurlos entfernt. Eine Narbe in der Länge von 2 cm behielt ich als Erinnerung.

Zum ersten Mal besuchten mich meine Freunde in einer Klinik und waren nicht erfreut darüber, mich in so einem Zustand zu sehen. Dabei war ich kurz davor, ihnen mitzuteilen, dass ich an Mukoviszidose leide. Es blieb bei der Überlegung. Diesmal war es das linke Auge, eventuell würde ihr nächster Krankenbesuch in einer Klinik aufgrund meiner Lunge stattfinden.

7
Meine Clique

Mit der Zeit verwuchsen Tomi und ich immer mehr mit Noahs Freundeskreis. Ich ahnte damals noch nicht, dass es mit das Beste sein sollte, was mir hätte passieren können. Diese Personen wurden für mich Freunde, die ich nie wieder hätte missen wollen. Für mich sind Freunde ein Geschenk für die Seele. Wenn ich sie brauche, sind sie da, ohne Wenn und Aber. Das funktioniert ein Leben lang. Gibst du, bekommst du.

Ich habe gesucht und gefunden.

Wir, das sind Tomi, Noah, Thomas, Awat, Samy, Teddy, Musie, Ivan, Paddy, Mule, Tess, Eddy, Nahom und eine einzigartige, wunderbare Frau, die ebenso eine meiner besten Freundinnen wurde: Hossy, wie sie gerne genannt werden möchte.

Sie kommt ursprünglich aus Asmara, der Hauptstadt von Eritrea. Noah und sie hatten dort gemeinsam ihre Jugend verbracht. Beide verbindet eine ähnliche Geschichte: Die Art, wie sie nach Stuttgart kamen. Eines Samstagabends lud Noah sie ein. Er erzählte ihr, dass er jemanden im Freundeskreis habe, der einen Führerschein besaß und ein Auto, weshalb es uns möglich war, in den besagten Club außerhalb der Stadt zu fahren. Wenn Hossy Lust hätte, solle sie uns doch mal begleiten, schlug er ihr vor. Sie nahm das Angebot dankend an. Wir genossen den Abend zu viert und in den darauffolgenden Monaten verbrachte sie immer öfter die Wochenenden mit uns. Hossy erzählte mir, dass sie anfangen würde, in einer Café- Bar zu arbeiten. Ich solle bei Gelegenheit vorbeischauen. Gesagt, getan. Um Punkt 17:00 Uhr traf ich an jenem Donnerstag in der Café- Bar ein, positionierte mich an der Theke und bestellte mein Getränk. Wir quatschten belangloses Zeug, widmeten uns aber ebenso persönlicheren Themen. Um 18:00 Uhr verließ ich Hossy, um so den Rauchern zu entkommen, die in der Bar ab dieser Uhrzeit ihr Verlangen stillen durften. Der Besuch bei Hossy wurde zu einem wöchentlichen Ritual. Eine besondere Freundschaft begann zu wachsen und wir teilten tolle Augenblicke miteinander. In einem dieser Momente erzählte sie mir im Vertrauen, dass sie in der zehnten Woche schwanger sei. Einen schöneren Vertrauensbeweis konnte sie mir nicht schenken. Neun Monate später war Baby Vito geboren.

Wir waren immer eine multikulturelle Clique: Italiener, Kroaten, Eritreer, Deutsche, Franzosen, Türken, Rumänen, Kasachen und Perser... Alle mit unterschiedlichen Kulturen, Hintergründen und Religionen.

Doch eines verbindet uns alle: Unsere einzigartige Freundschaft.

8
Die Ausbildung

Nachdem ich endlich meinen Realschulabschluss geschafft hatte, wollte ich meine Fachhochschulreife nachholen. Doch um diese zu bekommen, brauchte ich eine abgeschlossene Ausbildung. Ich bewarb mich bei mehr als vierzig Firmen, bei denen ich angab, eine Behinderung zu haben, und ich erhielt genauso viele Absagen. Vierzigmal Enttäuschung, vierzigmal recht behalten, so meine Meinung. Niemand wollte einen mit Handicap. Also entschloss ich mich bei einer Firma nicht anzugeben, dass ich eines hatte, und wurde sofort zu einem Vorstellungstermin eingeladen. Das Gespräch verlief super und kurze Zeit später hatte ich meinen Ausbildungsplatz. Ich wurde zum Groß- und Handelskaufmann ausgebildet. Die Ausbildung dauerte drei Jahre. Meine Eltern wollten nicht, dass ich arbeite, weil sie glaubten, es wäre zu anstrengend für mich. In ihren Augen sollte ich mich schonen, doch ich fing schon früh an. Seit ich dreizehn Jahre alt war in diversen kleinen Jobs. Sechs Monate lang war ich Zeitungsausträger, dann wurde ich abgeworben und arbeitete zwei Jahre nach der Schule in der Druckerei von Gerts Eltern.

Gert und ich waren bis zum Ende der Hauptschulzeit ebenso eng befreundet, wie ich es mit Tomi war. Doch unsere Wege sollten sich nach der Schule trennen. Unsere Freundschaft legte eine Pause ein. Nach Jahren trafen wir uns zufällig wieder. Einige Tage später sollte meine Haus-Party Nr. 3 stattfinden. Sofort fragte ich Gert, ob er kommen wolle. Zur selben Zeit bekam ich ein Angebot von meiner Ambulanz, für vier Wochen an einer Klimakur auf Gran Canaria teilzunehmen. Diese würde speziell nur für uns Mukoviszidose- Patienten, die im Raum Stuttgart lebten, stattfinden. Eine Teilnahme war an die Voraussetzung geknüpft, dass eine Begleitperson vorhanden ist. Es stellte sich die Frage, wer diese Person sein könnte, die mich für diesen Zeitraum begleiten würde.

Meine Eltern zu fragen war absolut keine Option. Doch es gab keine andere. Außer ich würde endlich meinen Freunden sagen, dass ich unter Mukoviszidose leide.

An diesem Abend auf der Hausparty Nr. 3 nahm ich mir viel Zeit für Gert. Wir saßen auf dem Boden meines Zimmers, abseits der Party. Wir erzählten uns voneinander. Das Gespräch zeigte uns beiden, dass wir trotz langjähriger Funkstille einfach Freunde fürs Leben sind. Ich spürte, dass ich meine selbst geschaffene Parallelwelt nicht mehr lange versteckt halten konnte. Der Moment war da, also öffnete ich mich und erzählte Gert von meiner Krankheit. Ich fragte ihn, ob er sich vorstellen könnte, mich in einigen Monaten auf diese Klimakur zu begleiten. Es mag sein, dass ich wusste, dass Gert mit meinem Freundeskreis nichts am Hut hatte und ich somit keine Gefahr sah, dass sie was mitbekommen würden. Idiotisch! Dennoch: Unsere Freundschaft bekam eine neue Chance. Wir hatten eine mega Zeit auf der spanischen Insel. Die Meeresluft und die Sonne taten mir und meiner Lunge gut und Gert lernte meinen Alltag mit der Krankheit kennen. Jahre später wurde ich Gerts (und nebenbei bemerkt auch Tomis) Trauzeuge.

Sieben Jahre lang arbeitete ich auch zweimal wöchentlich als Servicemitarbeiter bei der Volkshochschule Stuttgart.

Mein Ziel war es schon immer gewesen, wenigstens ein Stück weit unabhängig zu sein, um für mich selbst das Gefühl zu haben, nicht ständig bei meinen Eltern zu betteln. Aus diesem Grund startete ich auch mit viel Elan in meinen neuen Lebensabschnitt. Die ersten beiden Jahre in der

Ausbildungsstelle verbrachte ich in einer Filiale direkt bei mir um die Ecke. Ich hatte wunderbare Arbeitskollegen, die mir in den verschiedenen Abteilungen hervorragend ihre Arbeitsgebiete erklärten, sodass ich fast überall selbstständig mitarbeiten konnte.

Die Mischung aus kaufmännischer Arbeit und Kundenkontakt gefiel mir. Ich blühte auf. Morgens ging ich mit einem Lächeln zur Filiale. Da ich jedoch niemandem sagen wollte, dass ich eine Behinderung habe, ich aber einmal im Jahr eine intravenöse Antibiotikabehandlung nötig hatte, ließ ich mich für selbige nicht drei Wochen krankschreiben, sondern opferte meinen Urlaub. Es fiel niemandem auf, alles lief gut. Es war eine Parallelwelt, die ich mir selbst erschaffen hatte, sowohl in der entfernteren Verwandtschaft, als auch bei meinen Freunden oder in der Ausbildung. Ich wollte nicht wegen meiner Krankheit in die Mitleidsschublade gesteckt werden, sondern in meinem Alltag, in meiner Umgebung einfach als „normal" angesehen werden. Es funktionierte wie geplant, äußerlich merkte man es mir anfangs nicht an. Höchstens manchmal in der Winterzeit: Ich war anfälliger für Husten und hatte mehr kleine Infekte als andere. Ich hatte schnell gelernt, dass man das Thema mit den richtigen Antworten im Keim ersticken konnte. Und wenn ich meinem Gegenüber dann noch ein Lächeln schenkte, war alles andere unwichtig. Es lief also alles normal.

Dreimal wöchentlich ging ich acht bis neun Stunden Arbeiten zweimal die Woche in die Berufsschule und am Wochenende mit meinen Freunden in Clubs, ins Kino oder wir unternahmen andere spaßige Dinge. Ich hatte kaum Einschränkungen. Meine Mitmenschen bemerkten nichts. Ich war ein ganz normaler Typ, der lediglich etwas untergewichtig war und ab und zu bei körperlichen Anstrengungen schneller aus Atem kam. Im Laufe der Zeit merkte ich jedoch, dass sich mein Körper, vor allem meine Lunge, veränderten. Die Ausbildung war sehr anstrengend, aber es war körperlich auszuhalten und sie dauerte nur noch ein Jahr. Das komplette letzte Ausbildungsjahr verbrachte ich im Hauptgebäude. Ich hatte im Rahmen der Ausbildung schon ein paar Abteilungen durchlaufen müssen, und nicht alle hatten mir zugesagt.

Nun arbeitete ich im Lager, wo sich die Abteilungen der Poststelle, des Fuhrparks, des Wareneingangs und des Warenausgangs befanden. Die Poststelle und der Fuhrpark waren leider kurze Zwischenstationen, in denen ich viel Spaß hatte und wo ich trotz täglicher Volksmusikbeschallung richtig mithelfen konnte. Jetzt blieben nur noch der Wareneingang und der Warenausgang übrig. Ich wurde für drei Monate dort abgestellt. Es waren drei schwierige, harte Monate. Wie in jeder Abteilung gab ich alles. Doch das war für meinen Vorgesetzten in dieser Abteilung wohl zu wenig. Er mochte mich nicht. Egal, was ich tat, ich wurde nur kritisiert. Alles war schlecht, fehlerhaft und mein Arbeitstempo war seiner

Ansicht nach immer zu langsam. Meine Arbeitskollegen bevorzugten es, anstatt eines ordentlichen Frühstückes morgens schon flüssige Nahrung zu sich zu nehmen. Damit meine ich nicht Kaffee. Ihre bösen Bemerkungen fingen schon in aller Frühe an. Ich gebe zu, es gab Momente, da haben mich diese Äußerungen getroffen und ich wollte alles hinwerfen.

Doch einmal mehr hielt ich dank des Zuspruchs meiner Freunde durch. Mein morgendliches Lächeln hatte ich jedoch schon längst verloren. Hinzu kam noch, dass diese drei Monate, die ich im Lager verbrachte, für meine Lunge pures Gift waren. Die hygienischen Zustände dort darf ich gar nicht erwähnen, überall nur Dreck und Staub. Irgendwann war es mir fast nicht mehr möglich, an Veranstaltungen und Verabredungen mit der Clique unter der Woche, geschweige denn am Wochenende teilzunehmen.

Ich benötigte jede Minute, um meinem Körper die Ruhe zu geben, die er brauchte, um neue Kraft zu sammeln. Für die nächste anstrengende und unangenehme Woche. Und meine Kollegen setzten alles daran, mir selbige noch schlimmer als die vorherige zu gestalten.

Mein großes Ziel war es, in der Ausbildung keine Krankheitstage zu haben. Meine gesamten Urlaubstage waren aufgebraucht und es ließ sich nicht vermeiden, dass ich mich kurz vor Ausbildungsende drei Wochen krankschreiben lassen musste. Es war nötig, stationär in der Klinik zu bleiben und die üblichen Antibiotika zu bekommen. Bei jedem Aufenthalt war mir erlaubt, irgendwelche Freizeitaktivitäten zu unternehmen. Diesmal jedoch war mir striktes Ausruhen auferlegt worden. Es war aber gar nicht nötig, mir das zu verordnen. Ich war so geschwächt, dass es mir nicht möglich war überhaupt etwas zu unternehmen, geschweige denn, zur Arbeit zu gehen.

Am Montag bezog ich wieder meine Suite 542 im Olgäle und hatte zum Glück gleich einen Termin bei meiner Physiotherapeutin. Ich nahm den Aufzug ins Untergeschoss des Hospitals, in der sich die Physiotherapie-Abteilung befand. Ich hatte zweimal täglich jeweils eine Stunde Therapie. Mein Behandlungsraum lag am Ende des Korridors. Ich stieg aus dem Aufzug und lief einen langen, mit Neonlicht beleuchteten Gang hinunter. Auf der einen Seite befand sich die Massage-Abteilung und gegenüber die Physiotherapie-Abteilung. Ich klopfte an die Tür, doch es kam keine Antwort. Es kam oft vor, dass ich schon ins Behandlungszimmer ging, bevor meine Therapeutin anwesend war. Routiniert bereitete ich alles vor und holte zwei blaue Matten. Ein Kissen für den Nacken und zwei Nierenschalen, die nötig waren, um das Sekret zu sammeln, welches ich während der Therapie abhusten musste. Das war auch das Ziel einer jeden Sitzung. Nachdem alles fertig vorbereitet war, saß ich auf einer Sitzbank im Raum und wartete. Die Tür öffnete sich. Ich sah hin und fiel in Schockstarre. Genau wie die Person, die in der Tür stand: Teddy. Teddy, einer meiner besten Freunde, den ich auch durch Noah kennengelernt hatte und der ebenfalls nichts von meiner Krankheit ahnte. Wir sahen uns an und sagten beide kein Wort.

„Hi, was machst Du denn hier?" Nachdem er sich endlich gefasst hatte, fragte Teddy. Ich wusste im ersten Moment nicht, was ich ihm sagen sollte. Ich war peinlich berührt und antwortete zögerlich: „Ich bin Patient, ich habe Mukoviszidose. Ich bin jetzt für drei Wochen stationär auf der K5."

„Wie Mukoviszidose? Aber wie?" Er rang um Worte. „Wirklich? Bitte nicht!"

„Leider ja, hab keine Angst", wollte ich ihn beruhigen. „Ja ich bin betroffen und bin seit meiner Geburt im Olgäle Patient und gehöre zum Inventar."

„Mir hat nie jemand gesagt, dass du krank bist."

„Es weiß auch keiner aus unserem Freundeskreis, nicht mal Tomi." erwiderte ich. „Du bist der Erste, der das jetzt weiß und ich bitte dich, es für dich zu behalten."

„Klar, mach ich, wenn du das willst, aber findest du das in Ordnung?" Ich schwieg. Als ich wieder Worte fand, beschloss ich, das Thema zu wechseln und den Ball zurückzuspielen: „Was machst du eigentlich hier in der Physiotherapieabteilung?"

„Ich leiste meinen Zivildienst ab und hab mir diese Abteilung ausgesucht."

In diesem Moment betrat Aileen, meine Therapeutin, glücklicherweise den Raum. „Teddy, darf ich vorstellen, das ist Rossi." „Wir kennen uns", erwiderte er.

Ab jetzt war Teddy in jeder freien Minute bei mir im Zimmer und es war ein schönes Gefühl, einen meiner Freunde bei mir zu haben. Es fühlte sich toll an. Auch ihm wurde in dieser Zeit einiges klar, wie er sagte. Er hatte sich immer gefragt, warum ich stets im Auto wartete und nie mit hoch zu Tomi in den 4. Stock stieg. Aber er konnte sich selbst keine Antwort geben. Oder warum ich immer überall mit dem Auto hinfuhr, anstatt zu Fuß zu gehen.

Er wunderte sich über viele kleine Dinge, aber er hatte nie danach gefragt. Teddy hielt sich auch jetzt an meinen Wunsch und schwieg, den anderen gegenüber, zu diesem Thema.

Nach drei Wochen verließ ich die Klinik mit schlechteren Werten, als nach einem solchen Aufenthalt üblich. Ich nahm meine Arbeit wieder auf, denn um jeden Preis wollte ich meine Ausbildung erfolgreich beenden.

Mein Alltag nahm seinen Lauf und mit einem Lächeln ging es weiter. Doch langsam bröckelte meine Fassade. Ich hätte nach meinem letzten Klinikaufenthalt zu meinem Vorgesetzten gehen und ihm alles sagen sollen: Dass es für mich gesundheitlich nicht mehr gut wäre, weiterhin im Lager zu arbeiten. Das Risiko, die Ausbildung nicht beenden zu dürfen und aus der Industrie- und Handelskammer ausgeschlossen zu werden, war mir zu riskant. Mein großes Ziel war es, eines Tages Psychologie zu studieren. Das wollte ich nicht aufs Spiel setzen. Jahre später erfuhr ich, dass sich die Geschäftsleitung meiner Firma privat für Patienten mit Mukoviszidose engagierte. Wahrscheinlich hätte mein Vorgesetzter mir das größtmögliche Verständnis entgegengebracht und eine Lösung gefunden, die für alle gut gewesen wäre. Aber ich war den schwierigen Weg gegangen. War es der Falsche? Im Frühjahr hatte ich endlich diese verfluchte Abteilung überstanden und damit auch meine Ausbildung erfolgreich beendet. Ich war nun Groß- und Außenhandelskaufmann. Ich war stolz und glücklich, auch wenn ich einen sehr hohen Preis dafür bezahlt hatte.

9

Das Video

Jetzt war für mich der Moment gekommen, mit meiner restlichen Clique reinen Tisch zu machen und ihnen mitzuteilen, was mit mir los war. Ich überlegte mir, wie ich es am besten veranschaulichen konnte. Ein einfaches Gespräch mit ihnen hätte rückblickend ausgereicht, aber ich war schon immer ein sehr kreativer Mensch, deshalb ließ ich mir etwas Besonderes einfallen. Ich lieh mir Gerts Wohnungsschlüssel, fuhr mit meiner Videokamera zu ihm und versuchte, meine Geschichte zu erzählen.

Ich positionierte einen Stuhl mitten im Zimmer. Die Kamera stellte ich so auf, dass man mich mitsamt meiner vielen Medikamenten und meinem Inhaliergerät gut sah. Die ersten Versuche, mich selbst aufzunehmen, klappten nicht, doch nach einigen weiteren war ich fertig. Im Video begann ich zu erzählen, dass ich diese, nicht ansteckende, Krankheit habe, dass es sich um eine Stoffwechselstörung handle und meine Lunge und mein Darm betroffen seien. Ich sagte, dass nun der Moment gekommen sei, meinen Freunden die Wahrheit mitzuteilen.

Ich wollte keine Ausreden mehr erfinden oder irgendwelche falschen Gründe auftischen. Meinen Freunden, die mir so wichtig geworden waren. Mit denen ich meine Freizeit verbrachte, mit denen ich Spaß hatte, mit denen ich, außer über meine Krankheit, über alles reden konnte. Doch eine Frage stellte sich mir: Wären sie noch immer meine Freunde, wenn sie erfuhren, was mit mir los war? Wären sie weiterhin mit mir befreundet, auch wenn ich in Zukunft nicht mehr so leistungsfähig wäre?

Ich erzählte ihnen im Video, dass ich sozusagen ein Doppelleben führte und es mir nicht möglich sei, dies in der Art weiterzuführen. Nicht nur mein Stolz hatte mich so lange daran gehindert, es ihnen mitzuteilen. Es war auch eine große Angst. Andere Patienten hatten mir erzählt, dass sich ihr Zustand ebenfalls sehr stark verändert habe und sich deshalb viele Freunde abgewandt hätten, da sie nicht mehr klarkamen mit der Situation. Weiterhin erzählte ich, dass sie sich bei mir auf folgende Symptome einstellen müssten:

Atemnot, die immer öfter und stärker kommen würde. Der Anblick dieses Geschehens sei nicht gerade sehenswert und eventuell verstörend. Selbst für mich ist es sehr beängstigend. Drei Stockwerke oder zweiundfünfzig Stufen ging ich bei meinen Eltern, Tag ein Tag aus, die Treppen hoch und runter. An guten Tagen kam ich gut die Stufen hoch, an schlechten Tagen musste ich nach jeder zweiten oder dritten Stufe pausieren, um Luft zu schnappen. Eines Samstagabends wollte ich nur rechtzeitig oben sein, um meinen Fußballverein in der Sportschau spielen zu sehen, weshalb ich zwei Stufen auf einmal nahm. Bereits an der Haustür meiner Eltern konnte ich mich aufgrund meiner Atemnot kaum mehr konzentrieren. Mein einziges Ziel bestand darin, zu meiner Couch zu gelangen. In meinem Zimmer angekommen führte mein erster Weg zur Couch, wo meistens meine Fernbedienungen lagen.

Ich schaffte es gerade noch, den Fernseher anzuschalten, und dann ging es los: Das Ringen um Luft. Der Sauerstoff, den ich benötigte, wurde immer weniger. Um eine atemgerechte Schonhaltung zu einzunehmen, setzte ich mich auf meine Couch. Ich legte meine Unterarme auf meine Oberschenkel und hielt den Kopf nach unten. Eine Technik, die ich in der Physiotherapie erlernt hatte. Mein Herz klopfte, als wolle es sich aus meinem Körper befreien, mein Puls lag bei gefühlt 250. Meine Atmung hatte ich nicht mehr unter Kontrolle, den Mund so weit wie möglich aufgerissen und Schnappatmung. Mein Körper begann zu zittern, meine Beine waren trotz der Schonhaltung nur noch am Wippen. Aus meinen Augen flossen bereits Angsttränen.

Sauerstoff, Sauerstoff, wo blieb mein Sauerstoff?

Es fühlte sich an, als würde jemand seine bloßen Hände um meinen Hals legen und ganz langsam, aber immer fester zudrücken, sodass die Luft immer knapper wurde. Schweißgebadet saß ich auf der Couch. Ich schloss meine

Augen und versuchte, mich auf meine Atmung zu konzentrieren. Versuchte alles um mich herum auszublenden und mich nur auf mich zu fokussieren. Es fiel mir schwer und es gelang mir nicht, zur Ruhe zu kommen. Ich unternahm alles, um besser Luft zu bekommen, zog meinen Pulli hektisch aus, um wenigstens das Gefühl von mehr Luft zu haben. Ich glaubte, gleich zu ersticken. Wieder und wieder versuchte ich, zur Ruhe zu kommen, wieder schloss ich meine Augen, um mich auf diese Weise vollkommen auf die Atmung zu konzentrieren. Plötzlich kam meine Mama ins Zimmer. Sie versuchte, mir Ratschläge zu geben, wollte helfen. Doch das machte mich noch nervöser. „Geh bitte raus, bitte lass mich Mama!", schrie ich sie an. Ich sah die Hilflosigkeit in ihren Augen. Das Szenario hielt noch eine Weile an, bis ich mich endlich beruhigte und danach in Ruhe inhalierte. Aber immerhin hatte mein Verein, der VfB Stuttgart, das Heimspiel gewonnen.

Auch nicht schön mit anzusehen war das Abhusten des Sekrets. Normales Sekret hat eine flüssige Konsistenz, etwa wie eine Cola. Bei mir dagegen war es so dick wie Honig. Dieses glibberige, grün-gelb-braune Zeug, das sich in großen Mengen in der Lunge befand, versuchte ich täglich durch das Abhusten zu entfernen. Zuhause sammelte ich es in Nierenschalen, draußen wurde es – sofern vorhanden - in einem Taschentuch entsorgt. Anderenfalls, in den Ausnahmefällen, bestand die einzige Option darin, das Sekret runterzuschlucken, was aber mein Magen, je nach Menge, nicht mehr verkraftete. Zur Not hieß es „raus mit dem Zeug". Dann eben so.

Außerdem kam die ständig nötige Rücksichtnahme auf mich dazu und meine zunehmenden Klinikaufenthalte.

Konnte und wollte ich mir vorstellen, meine Freunde würden trotzdem zu mir stehen? Oder nicht? Diese Ungewissheit, mit Angst geschnürt war nun auf Band. Offen und ehrlich sagte ich zum Schluss, dass ich verstehen könnte, wenn sie mir die Freundschaft kündigen würden.

Während ich mal wieder in der Klinik lag, bestellte ich alle am 01. April 1999 in Noahs Wohnung. Zum vereinbarten Termin waren sie vollzählig und sie waren gespannt. Genauso gespannt, wie ich es war. Während meine Freunde bei Noah mein Video sahen, wartete ich ungeduldig und mit schweißnassen Händen in meiner Suite 544 im Olgäle. Ich hatte Angst. Was würde passieren? Wie würden ihre Reaktionen ausfallen? Würden sie denken, es sei ein schlechter Aprilscherz? An jenem Abend kamen sie alle zu mir. Jeder kam einzeln in mein Zimmer und jeder gab mir eine kleine Ohrfeige. Als sie zusammen vor meinem Krankenbett standen, sagten meine Freunde diesen wunderbaren Satz:

„Du sollst nicht alles mitmachen, aber mit ‚uns' dabei sein!"

Wir saßen an diesem Abend alle zusammen bestellten Pizza und sie diskutierten über den „wahren Grund" meines Schweigens: Bestimmt wollte ich Ärztinnen, Schwestern und Schwesternschülerinnen nur für mich allein haben. Ab diesem Moment war alles viel leichter und es stellte sich heraus, dass, egal welchen Zeitpunkt ich mir ausgesucht hätte, es immer der Richtige gewesen wäre. Ich war froh, mich geöffnet zu haben, und ich sah ein, dass ich eben ein kranker junger Mann war. Mein Freundeskreis, meine Verwandtschaft und ein paar weitere Personen wussten nun Bescheid. In der Öffentlichkeit spielte ich trotzdem weiter die Rolle des „Normalen". Doch jetzt war der Weg frei, mein Fachabitur nachzuholen, und ich war ganz nah an meinem Ziel, Psychologie zu studieren.

10
Die Geburtstagsparty

Ich meldete mich für das einjährige Berufskolleg an. Ich begutachtete die Schule ganz genau. Sie war in einem historischen Gebäude untergebracht, das sich an einem Hang mit vielen Stufen befand. Ich überlegte, ob es möglich sein würde, diese Stufen morgens hinauf zu gelangen, ohne in Zeit- oder Atemnot zu gelangen. Ich hatte bei der Anmeldung nachgefragt und so erfahren, dass mein Klassenzimmer im vierten Stockwerk lag. Fantastische Situation. Ironisch gesehen. Eine schwierige Hürde, die ich Tag für Tag überwinden musste. Aber erst mal sollte ich den Sommer genießen. Im September ging es los: Anfangs kam ich gut die vier Stockwerke rauf und runter. Mein Zeitmanagement griff. Ich brauchte etwas länger als die anderen, aber es ging gut. Es machte mir Spaß, die Schule zu besuchen. Das Schönste war, dass ich endlich wieder Zeit für mich, für meinen Körper und für meine Freunde hatte. Auch in der Schule hatte ich schnell mit ein paar Klassenkameraden Kontakte geknüpft. Ich wollte nicht in mein altes Muster zurückfallen und war so selbstbewusst geworden, dass ich meiner Klassenlehrerin und einigen meiner Mitschüler von meiner Krankheit erzählte. Ebenso entschied ich mich, nach drei Jahren Abstinenz endlich wieder einmal wöchentlich in die ambulante Physiotherapie zu gehen. Die Physiotherapeutin, die mir neu zugeteilt worden war, hieß Katharina. Sie war die Fachbereichsleiterin. Meine erste „First Lady". Sie hatte mir sehr nachdrücklich erklärt, wie wichtig dieser Teil meiner Therapie war. Es sei nicht damit getan, die Physiotherapie nur bei einem stationären Aufenthalt anzuwenden.

Der regelmäßige Besuch einer Physiotherapie- Praxis sei notwendig, auch und gerade, wenn es einem gut ginge.

Ich erzählte ihr, dass ich eigentlich ein disziplinierter Patient sei, aber Priorität hatte die Ausbildung gehabt und ich wusste, dass ich mir keinen Gefallen getan hatte.

Seit diesem Gespräch habe ich nie wieder ein Termin unbewusst versäumt und machte zuhause brav meine Übungen weiter. Die ersten Wochen dieses neuen Lebensabschnittes waren also super. Ich war wie ausgewechselt. Ich ging trotz Mathematik gerne zur Schule, Partys und andere Veranstaltungen waren wieder ein Thema und das Abhängen mit meinen Freunden gab mir neue Kraft. Trotzdem merkte ich, dass mein Körper sich immer mehr veränderte. Meine Lunge wurde anfälliger für alles. Ende Oktober ging es los, dass ich regelmäßig Fieber bekam. Nach der kleinsten Anstrengung lag ich mit hoher Temperatur flach. Die Einnahme fiebersenkender Mittel brachte kurzzeitig Besserung. Die Treppen in der Schule schaffte ich nur noch mit Mühe, die vier Stockwerke waren jetzt morgens schon eine Herausforderung. In der großen Pause saß ich mittlerweile im Klassenzimmer und bei den kleinen Fünf-Minuten-Pausen war der Weg zum Korridor, um mir kurz die Beine zu vertreten, das Maximum. Wenn ich nach Hause kam, legte ich mich sofort schlafen. Immer öfter musste ich nun wieder meinen Freunden absagen, was mir wahnsinnig schwerfiel, aber ich hatte keine Kraft mehr. Auch im Unterricht hatte ich mehr Fehlzeiten, weshalb ich Ende November beschloss, in die Klinik zu gehen, um eine erneute

Antibiotikatherapie zu machen. Wochenlang plante ich die Party zu meinem fünfundzwanzigsten Geburtstag, die Anfang Dezember stattfinden sollte. Da erwischte es mich. Ein Infekt! Ein paar Tage vor meiner Party. Ich wollte alles hinschmeißen.

Die Symptome bei Fieber wirkten sich bei mir so aus, dass alle positiven Gedanken, die ich besaß, ins Negative schwenkten. Das Fieber schien in mir das Böse zu wecken. Doch glücklicherweise blieb dieses Böse in meinen Gedanken.

Meine Freunde sprangen ein, organisierten sich untereinander und meine Party für mich. Jeder hatte eine Aufgabe zu erledigen und die Location war pünktlich festlich geschmückt und bereit. Die Räumlichkeiten für meine Party fand ich auf einem Abenteuerspielplatz. Die Räume sahen sehr rustikal aus und gar nicht partytauglich. Einiges musste noch getan werden, damit es losgehen konnte. Meine Freunde hatten alles mit viel Charme umdekoriert. Jede Menge Luftballons wurden in die Räume verteilt, eine Discokugel an die Decke angebracht, mehrere Strahler an verschiedenen Wände positioniert, die Nebelanlage wurde unter dem DJ-Pult verstaut und die Bar in der Küche aufgebaut. Am Vorabend kamen meine Freunde geschlossen in die Klinik. Mit ein paar Flaschen Sekt und (klar!) einer Cola.

Um Mitternacht stießen wir leise, aber glücklich, miteinander an. Die Nachtschwester und der zuständige Arzt durften auch nicht fehlen. Achtundvierzig Stunden später mischte Tomi mit den Plattenspielern wunderbare Musik für die Tanzfläche. Ich feierte, so gut es ging, mit meinen knapp hundert Gästen und der Erlaubnis meiner Ärzte eine tolle Geburtstagsparty. Meine Klassenlehrerin schickte mir Tage später einen kleinen Korb mit Genesungswünschen sowie einige Hausaufgaben als Geburtstagsgeschenk, die ich zu erledigen hatte, in die Klinik. Nach drei Wochen im Olgahospital waren die Werte noch immer nicht besser geworden.

Ich verließ die Klinik mit einem unguten Gefühl, ging nach Hause und versuchte dennoch wieder die Schule zu besuchen. Nach einer Woche bat mich meine Klassenlehrerin um ein Gespräch, denn sie wollte wissen, was mit mir los war. Sie machte sich Sorgen um mich. Ihr war aufgefallen, dass ich trotz Klinikbesuch in der vorigen Woche nicht fit wirkte. Lag es an den Nebenwirkungen, die eine Antibiotika-Therapie jedes Mal mit sich brachte? Ich selbst konnte ihr keine Antwort geben, aber ich fand es toll, dass sie mich darauf ansprach.

Ich bat sie, sich keine Sorgen zu machen, ich würde bestimmt wieder auf die Beine kommen.

Doch leider ging es nicht mehr weiter. Mein Körper war nicht mehr in der Lage, weiterhin diese Angstregungen auf sich zu nehmen. Allein die Treppen an der Schule waren mittlerweile zu viel geworden. Das Projekt Fachhochschule musste ich erst mal auf Eis legen. Enttäuscht von mir selbst verabschiedete ich mich von meinen Klassenkameraden und wünschte ihnen weiterhin viel Glück. Nach den Winterferien meldete ich mich von der Schule ab.

Was nun?

Zuerst einmal kam das große Ereignis: Millennium! Das Jahr zweitausend!

Wir, meine Freunde und ich, hatten uns Gedanken gemacht, wo wir im besonderen Rahmen Silvester feiern wollten und entschieden, nach Berlin zu fahren. Trotz meiner gesundheitlichen Situation war für alle klar, dass ich mitgehen würde.

Was für ein Ereignis! Ich, der kleine Junge, der nicht mal sechs Jahre alt werden sollte und der nun längst erwachsen war, feierte in der Hauptstadt in das neue Jahrtausend hinein. Trotz meines schlechten Zustandes wollte ich mir das nicht entgehen lassen. Klar, sinnvoll wäre gewesen, zu Hause zu bleiben und mich zu schonen, aber diese Momente waren das, was mein Leben so einzigartig machte. Diese Augenblicke und meine Freunde.

Wir hatten uns einen Bus mit neun Sitzplätzen gemietet und fuhren für eine ganze Woche nach Berlin. Dort übernachteten wir in einem Apartment. Am Vortag des großen Ereignisses machten wir, wie es sich gehört, Sightseeing. Die Sonne schien an diesem Nachmittag, aber ein eisiger Wind blies uns entgegen. Brrrr, wie kalt es war.

Für den Abend hatten wir uns mit Freunden verabredet, die mittlerweile in Berlin lebten. Gemeinsam gingen wir eritreisch essen. Ich bestellte mir ein Gericht mit gekochtem Gemüse,

Rindfleisch in einer speziellen Soße und dazu Injera, eine Art Fladenbrot. Es war lecker und dazu sehr scharf.

Am Silvestermorgen umgab uns weiter die Eiseskälte und ich wollte mir gar nicht vorstellen, wie kalt es abends werden würde, denn wir feierten im Freien mitten auf der Partymeile am Brandenburger Tor.

Doch als es so weit war, war die Kälte egal. Ich tanzte, wir tanzten, alle tanzten, gefühlt Hunderttausende tanzten mit uns und alle waren wunderbar ausgelassen. Als wir Stunden später zu Fuß zu unserer Unterkunft zurückkehren wollten, bemerkte ich, dass nichts mehr ging. Ich hatte mich komplett ausgepowert und durch die kalte Luft hatten sich meine Bronchien verengt, sodass ich noch weniger Luft bekam als sonst. Ich konnte nicht mehr gehen, keinen einzigen Schritt. Immer wieder hatte ich Schnappatmung und erschwerend kam hinzu, dass sich durch das Tanzen mein Sekret so mobilisiert hatte, dass es in Strömen hochkam. Awat, der größte in unserer Gruppe, nahm mich „Huckepack". Er trug mich bis zur nächsten U-Bahn-Haltestelle und es war für alle anderen keine besondere Sache. Es sollte nicht das letzte Mal gewesen sein, dass mich Awat über seine Schulter nahm. Nicht wegen Trunkenheit, wobei ich gestehen muss, dass auch das ein oder zweimal vorkam. Einer von vielen peinlichen Auftritten von mir, folgte auf eine verlorene Karaoke-Wette, deren „Strafe" ich in einem voll besetzten Irish Pub in Stuttgart vollziehen durfte. Alle Freunde waren anwesend. Die Show konnte beginnen. Leicht angetrunken ging ich auf die Bühne. Das Mikrofon und ich waren eins. Ich bot eine großartige Leistung mit dem Lied: „Tausendmal berührt, tausendmal ist nichts passiert...", eine Darbietung, die sehr gut ankam, sagte man mir. Ich muss Erzählungen zufolge noch den ganzen Abend Songs geträllert und weitere Drinks zu mir genommen haben. Mein Limit an alkoholischen Getränken war erreicht. Es war die Zeit gekommen, den Pub zu verlassen. Auf dem Weg zum Ausgang konnte ich es nicht lassen, versuchte erneut zu singen und zu tanzen und räkelte mich auf sämtlichen Motorhauben vor dem Pub. Awat fuhr mich nach Hause, nahm mich „Huckepack", trug mich bis den 3. Stock und legte mich ins Bett. Diese Schwäche vor meinen Freunden zu zeigen, legte ich mir selbst mittlerweile als persönliche Stärke und Vertrauensbeweis an meine Freunde aus.

Nach unserer Rückkehr aus Berlin bekam ich einen Infekt nach dem anderen. Insgesamt verbrachte ich mehr als drei Viertel des Jahres in der Klinik. In Abständen von ein bis zwei Monaten kämpfte ich gegen verschiedene Keime. Meistens waren es Pseudomonas Aeruginosa, Candida albicans oder auch Aspergillus fumigatus. Keime, die meine Lunge langfristig massiv schädigten. Insgesamt sechsmal. Immer wieder dasselbe Schema: Ich bekam Temperatur und schaffte es kaum, die Menge an Sekret abzuhusten.

Die wenige Luft, die ich hatte, wurde noch weniger. Das führte zu Appetitlosigkeit, was mich noch mehr schwächte.

Irgendwann stellte sich nur die Frage, wann auf meiner Station K5 ein Bett frei würde. Sobald das der Fall war, genügte ein Anruf bei einem meiner Freunde und einer von Ihnen nahm sich Zeit und brachten mich in die Klinik. An der Pforte nahmen wir einen zur Verfügung stehenden Rollstuhl. Wir fuhren auf die Station K5, wo eine der Schwestern auf mich wartete, um mich aufzunehmen. Bei jedem Aufenthalt galt für die ersten drei Tagen ein selbstverordnetes Besuchsverbot. Ich bat meine Freunde, sich nicht bei mir zu melden. Ich wollte nur schlafen und abwarten, bis das Antibiotikum langsam seine Wirkung tat.

So verging ein Jahr ohne große Ereignisse.

Von der Klink nach Hause und umgekehrt. Doch auch dieses Jahr verlief nicht komplett ereignislos und ich war wieder ein Jahr älter geworden. Doch es hinterließ Spuren, die ich im darauffolgenden Jahr zu spüren bekam. In Sachen Mukoviszidose ein neues, trauriges Kapitel.

Ende März im Jahr 2001, kollabierte meine Lunge endgültig. Mein Lungenvolumen sank insgesamt von knapp 45 Prozent auf unter 21 Prozent. Das entsprach etwa 0,9 Litern bei einem Normwert von 4,3 Litern. Ein enormer Einschnitt in mein Leben. Viele alltägliche Dinge, die sonst für mich selbstverständlich gewesen waren, gingen plötzlich nicht mehr. Zähneputzen war an manchen Tagen nicht allein möglich, geschweige denn duschen oder selbst essen, deshalb bekam ich auch zusätzlich intravenös Nahrungsergänzungsmittel, um nicht noch mehr abzunehmen.

An Gehen war gar nicht zu denken. Jeder Schritt, jede Tätigkeit, musste genauestens überlegt werden. Es kostete Kraft und Luft, was beides vorhanden war, aber beides in minimalem Umfang. Schleichend wurde es schlimmer und schlimmer. Während meiner Klinikaufenthalte hatte ich das bereits bei anderen Patienten gesehen. Ich hatte mir nie vorstellen können, dass ich einmal einer von jenen sein sollte, denen die Krankheit derart zusetzt. Mein damaliger Oberarzt Dr. Illing, ein absoluter Fachmann in Sachen Mukoviszidose, sprach mich auf eine Transplantation an. Es war sein erster Versuch bei mir zu diesem Thema. „Herr Rossi, ich möchte Sie bitten, sich Gedanken zu machen." Ich gab ihm sofort meine Antwort: „Nein" und erklärte ihm meine Sichtweise: „Ich bin mit dieser Lunge geboren und ich werde aus diesem tiefen Tal, in dem ich mich befinde, wieder rauskommen. Wenn ich es nicht schaffen sollte, dann ist es nun mal so. Der liebe Gott gab mir diesen Körper und so werde ich auch diese Welt verlassen. Dann soll es so sein.

Aber ich bin Rossi und mit einem Lächeln werde ich es irgendwie schaffen."

Ich, der wie jeder junge Erwachsene mitten im Leben stehen wollte, der noch so viel Spaß haben wollte, der noch so vieles erleben wollte. Ich hatte Zukunftspläne. Ich, der glaubte, ein „normales Leben" führen zu können, mit ein paar kleinen Einschränkungen, der zusah, wie einige seiner Freunde begannen, Beziehungen zu führen. Das wollte ich auch. Irgendwann würde die Zeit auch für mich kommen, mich zu verlieben, jemanden an meiner Seite zu haben, um all die verrückt-schönen Dinge tun zu können.

Doch jetzt übernahm in meinem Leben meine Krankheit die Hauptrolle. Meine Mukoviszidose wurde vom Statisten zum Hauptdarsteller. Ich kämpfte mit allen Mitteln, alle versuchten mit den gegeben Mitteln, mir den Alltag zu erleichtern, sei es das Ärzte-Team aus meiner Ambulanz gewesen oder von der Station K5. Sie verschrieben mir neue Antibiotika und erhofften, einen positiven Effekt zu erzielen. Neue Therapieformen in der Physiotherapie wurden ebenso angewandt. In diesem Jahr erschien sogar eine neue Studie, bei der es um Mukoviszidose-Patienten ging, die in derselben geschwächten körperlichen Lage waren wie ich. Sie sollten versuchen, jetzt erst recht Sport zu treiben, trotz aller Angstregungen, die dabei entstanden. Also versuchte meine Physiotherapeutin Melanie, mit einer extra gegründeten Sportgruppe, in der wir drei Patienten waren, mit Kraft- und Fitnesstraining unsere Muskeln zu stärken, denn durch das ewige Liegen waren sie wie Gummi geworden. Dabei sollte die Lunge so fit werden, dass etwas Kondition aufgebaut werden konnte. Wir begannen mit einer Hantel, die 0,5 kg wog, jeweils abwechselnd ein Durchgang mit jeweils zehn Wiederholungen mit den Oberarmen, dazu eine Minute am Ergometer mit der niedrigsten Stufe von zwanzig Watt. Es war die Hölle.

Jedes Mal ein unglaublicher Kraftakt und ich wollte es nicht wahrhaben. Ich, der für eine Saison in einer Fußballmannschaft gespielt, dann zu einem Handballverein gewechselt und der es dort geschafft hatte, bis zur B-Jugend zu kommen. Ich, der so gern tanzen ging, der stundenlang tanzen konnte, den man von der Tanzfläche wegreißen musste. Ich, der die Einkaufsstraße in Stuttgart, die Königstraße, mit Tomi hoch und runter lief. Mehrmals.
Mein Sauerstoff, wo war er hin?
Wo war er nur hin?
Mein Sauerstoff, meine Luft zum Atmen?
Eine beschissene Minute, 60 Sekunden, nicht mehr, es waren nur 60 Sekunden, die sich anfühlten, als wäre es eine Ewigkeit. Die Luft wurde immer knapper. Wegen einer Minute Sport. Wegen einer Minute fiel ich erschöpft ins Bett. Doch all diese schrecklichen Sekunden hinderten mich nicht daran, weiterzumachen. Meine „Disziplin" war stärker, und ich setzte es mit eisernem Willen in die Tat um.

Ich sagte mir immer wieder:

„Wenn ich sterbe, dann stirbst du mit mir, meine liebe Mukoviszidose".

In diesem Jahr war die Station K5 im Olgäle für eine ganze Weile mein Zuhause. Ich war so froh, in einer Klinik gestrandet zu sein, in der ich nicht nur irgendein Patient war, sondern Rossi. Ich wurde jedes Mal mit Sorgfalt, mit Leidenschaft, mit Herz und mit einem Lächeln behandelt. Jeden Tag. Das komplette Team, angefangen bei den Oberärzten bis hin zu den Schwestern, den Schwesternschülerinnen, den Zivildienstleistenden und den Reinigungskräften, hat auf der Station eine Oase erschaffen. Trotz schwieriger Alltagssituationen, die diese Berufe mit sich bringen. Und trotz der Vielzahl an Krankheitsbildern der Patienten, wurde dort gerne gelacht. In der Mitte der Station gab es eine Küche, die eigentlich nur für die Mitarbeiter gedacht war. Sie wurde umfunktioniert zu einem Treffpunkt für alle Mukoviszidose-Patienten. Ich saß oft mit meinem Infusionsständer und meinem Sauerstoffgerät mittags oder abends mit anderen Patienten oder Stationspersonal in der Küche und je nach Situation war von „Cola trinken" über „Kochen mit Nachtschwester Annette" (sehr beliebt Chili con

Carne ohne Bohnen) bis hin zu Brettspielen oder intensiven Gesprächen alles dabei. Es war eine wunderbare Zeit. Ich erfuhr viel Persönliches über die jeweiligen Gesprächspartner und es entstanden mit der Zeit Freundschaften.

11
Physiotherapeutin Anja

Ein Beispiel von vielen war die Physiotherapeutin Anja, die aus Fulda kam und im Februar frisch in der Klinik angefangen hatte. Ich hatte schon erfahren, dass es eine Neue in der Abteilung gab, die nach meinen Vorstellungen lange blonde Haare hatte.

Es wurde mir sofort mit einem Schmunzeln berichtet, denn ich zog die anderen Therapeutinnen immer damit auf, dass ich mir eine Physiotherapeutin mit langen blonden Haaren wünschte. Unsere erste Begegnung fand statt, als ich wieder einmal stationär für drei Wochen in der Klinik lag. Es klopfte gegen neun Uhr morgens an meine Zimmertür. Als sie sich öffnete, hörte ich eine zarte, leise Stimme: „Hallo Rossi? Ich bin Anja, ich komme als Vertretung zu dir und hoffe, das ist okay?" Ich schaute zur Tür und dort stand ein zierliches Wesen mit langen blonden Haaren, wie Rapunzel. Ihr Gesicht war übersät mit Sommersprossen. Da ich im Allgemeinen nie etwas gegen Abwechslung in der Physiotherapie- Stunde hatte, war ich insbesondere hier noch weniger abgeneigt, endlich meine Therapeutin mit langen blonden Haaren zu bekommen. Während der Stunde unterhielten wir uns und waren uns sofort sympathisch. Sie kam immer öfter zu mir, da ich mich bei der damaligen Abteilungsleiterin sehr positiv über ihre fachliche Kompetenz geäußert hatte.

Eines Nachmittags während dieses langen Krankenhausaufenthaltes lag ich im Bett und hatte einen Hustenreiz. Es war einer dieser, bei mir glücklicherweise seltenen, aber dennoch manchmal vorhandenen düsteren Tage, an denen es meine Krankheit für einen Moment schaffte, mir mein Lächeln zu rauben. Mein Körper streikte. Meine Seele mit. An Tagen wie diesen bedeutete das oft, dass der Hustenreiz kaum mehr aufhörte, selbst wenn sich gerade gar kein Sekret in der Lunge befand. Man könnte sagen, es war ein völlig unnötiges, unproduktives Husten, das sich über Stunden hinzog und mich einfach nur Kraft kostete. Während ich aufrecht im Bett saß und hustete, sich in meinen Augen die Tränen der Hoffnungslosigkeit sammelten, die Wut immer schwächer wurde und dafür die Hilflosigkeit überhandnahm, fragte ich mich nur immer wieder: Weshalb ich? Wieso ich? Warum ich?

Wo liegt der Sinn in dieser Quälerei? Unendliche Mengen an Antibiotika, die durch meinen Körper liefen, gefühlt ohne den geringsten positiven Effekt. Diese Krankheit zerrte an meinem Körper und langsam auch an meinem Gemüt. Ich wusste, ich kann mit meiner positiven Einstellung viel erreichen, doch auch für mich gab es Momente, in denen ich innerlich am Boden lag und nicht mehr hochkam. In dem Augenblick war Anja da, in einem dieser Scheiß Momente. Sie war es nicht gewohnt, dass ich kein Lächeln für sie hervorzauberte. Gekrümmt neben einer Nierenschale mit einer halb vollen Flasche Cola in der Hand im Bett saß und hustend vor mich hinstarrte. Ich empfing sie mit einem immer wiederkehrenden Husten: „Anja, es bringt heute nichts, ich habe einen Reizhusten." Doch sie blieb gelassen und antwortete: „Vielleicht kriegen wir es hin. Versuch, einfach in meine Hand zu atmen!" Ich legte mich erschöpft auf den Rücken und sie legte mir ihre Hand auf die Brust. Sonst nichts. Innerhalb von Minuten beruhigte sich meine Atmung und mein Reizhusten wurde weniger. Kurze Zeit später war nur noch die Musik im Hintergrund zu hören. Schweigend machte sie mit Ausstreichungen weiter. Anja setzte zwei Finger an die oberen Zwischenräume meiner behandelten Rippe, mit einem leichten Druck ließ sie ihre Finger abwärts gleiten. Anja versuchte auf diese Weise, die verklebten Fasern zu lösen. Das bewirkte, dass sich einerseits das Sekret lösen konnte und anderseits kurzfristig eine bessere Belüftung entstand. Diesen Vorgang wiederholte sie einige Male. All die pechschwarzen Gedanken erhellten sich nur ganz langsam, und ein Lächeln wollte sich noch nicht zeigen. Wir kannten uns erst seit einigen Wochen, doch ich fühlte mich geborgen bei ihr. Für mich war es immer wichtig, mich in einer Physiotherapie- Stunde körperlich und mental fallen lassen zu können. Es musste möglich sein, Schwäche zu zeigen. Das viele Sekret vor den Therapeuten auszuspucken. Es war kein schöner Anblick.

Aus einer Therapeuten-Patienten-Beziehung wurde eine Freundschaft, die ich nicht mehr missen möchte. Anja war von nun an meine zweite Physiotherapeutin und wir sahen uns jeden Donnerstag. Meine First Lady, wie ich die Fachbereichsleitung der Physiotherapie nannte, durften in meinem Betreuer Stab nicht fehlen. Sie behandelten mich ausschließlich an einem anderen Wochentag. Fünf Jahre hatten wir, Anja und ich, das Glück, privat und beruflich miteinander zu tun haben zu dürfen. Die Liebe trennte uns. Sie lernte ihren zukünftigen Mann kennen und verließ Stuttgart in Richtung Zürich. Wir hatten ausgemacht, jeden Donnerstag zu telefonieren. Später fragte sie mich, ob ich ihr Trauzeuge werden wolle. Diesen Wunsch erfüllte ich sehr gerne.

Ihre Nachfolgerin wurde Nina. Sie hatte leider keine langen blonden Haare, aber wir haben uns trotzdem sehr gerne.

12
Die „legendären" Hauspartys

Ich stabilisierte mich bei einem katastrophal schlechten Wert von unter 0,9 Liter Lungenvolumen. Um es bildlich darzustellen: Nimmt man einen Luftballon und lässt von einer gesunden Person hinein pusten, sollte sich der Ballon komplett mit Luft fühlen. Das wäre das Volumen einer gesunden Lunge. Mein Lungenvolumen wäre vergleichbar mit diesem Luftballon, wenn dieselbe Person einmal nur ganz leicht reinhauchen würde. Die minimale Erhebung des Ballons stellt die Luft dar, die ich zur Verfügung hatte. Mit diesen Fakten im Gepäck ging ich nach Hause. Nun galt es, mit der neuen Situation klarzukommen. Mein Alltag klang super: keine Aufgaben, keine Verpflichtungen. Nur aufstehen, inhalieren, duschen, essen, trinken, fernsehen. Das funktionierte eine ganze Zeit lang gut. Nach einem Jahr zuhause und nachdem ich die Erwerbsunfähigkeitsrente bekam, fühlte ich mich wirklich wie ein Rentner mit viel Zeit und wenig Geld. Paddy, einer meiner Freunde, arbeitete in einem Fitnessstudio und passte dort auch perfekt hinein. Sein Anblick war zum Dahinschmelzen. Sportlich gebaut, breite Schultern, ein definierter Bauch und tolle Bizeps an den Oberarmen, fragte er mich, ob ich in der Lage sei, einmal pro Woche für etwa vier Stunden an der Theke als Servicekraft zu arbeiten. Dadurch wieder ein bisschen unter die Leute zu kommen. Ich befragte meinen Arzt dazu. Er gab sein OK und ich stellte mich im Fitnessstudio vor. Mein damaliger Chef war sofort begeistert von mir, wir waren auf derselben Wellenlänge. Deshalb wollte ich ehrlich sein und erzählte ihm von meiner Krankheit. Was auch zur Folge haben würde, dass ich immer mal wieder aufgrund diverser Krankenhausaufenthalte ausfallen würde. Erik, mein damaliger Studioleiter, erzählte mir, dass er genau wisse, was es bedeutet, an Mukoviszidose erkrankt zu sein. In seinem Freundeskreis gab es auch eine Mukoviszidose-Patientin.

Ich war erleichtert, da ich befürchtet hatte, abgelehnt zu werden. Wir vereinbarten, dass ich zuerst zur Probe arbeiten und mich dann bei meiner künftigen Kollegin Evelyn melden sollte. Am ersten August war es soweit: Es war an einem Freitag, meine Schicht war von 13:00 Uhr bis 17:00 Uhr angesetzt. Leider hatte ich vergessen, dass am selben Tag die fünfte meiner legendären Hauspartys stattfinden sollte. Somit mussten meine Freunde die Vorbereitungen übernehmen, damit ich selbst zu meinem ersten Probearbeitstag gehen konnte. Meine Eltern wussten nichts von diesen Veranstaltungen in ihrer Wohnung, denn ich organisierte das immer dann, wenn sie im Urlaub waren. Meine Freunde hingegen wussten genau, was zu tun war: Die gefühlt einhundert Bilderrahmen meiner Eltern im Wohnzimmer mussten vorsichtig von der Wand genommen und klassisch mit einem Blatt Papier und einem Stift katalogisiert werden. Heute würde man mit dem Handy ein Foto davon machen und sie exakt nach Selbigem wieder aufhängen. Handys gab es damals, nur nicht mit Kamera.

Die gesamten Möbel wurden im Elternschlafzimmer untergebracht. Danach konnten die Bar und das DJ-Pult aufgebaut werden. Mein Zimmer wurde so umgeräumt, dass daraus eine einzige Sitzoase entstand. Das Bier und alle anderen (alkoholischen und antialkoholischen) Getränke wurden im Badezimmer in der Badewanne mit kaltem Wasser gekühlt. Die Küche war einerseits der Ort mit Platz fürs Buffet, der Raum, in dem man sich den Magen vollschlug, mit allem, was die Gäste mitgebracht hatten. Andererseits war sie auch der Durchgang zum Balkon für die Raucher. Rauchen war in der Wohnung tabu. Sobald alles fertig aufgebaut war, folgte eine Handlung, die schon zum Ritual geworden war: An der Bar im Wohnzimmer wurde eine Fahne befestigt, um so zu vertuschen, dass die Bar aus einem klappbaren Bett bestand.

Ebenfalls im Wohnzimmer wurde die Birne der Deckenlampe ausgetauscht und so das helle Licht durch Rotlicht ersetzt. Es entstand eine Club-Atmosphäre. Es sollte im Wohnzimmer der Eindruck eines etwas verruchten Milieus entstehen. Immer wenn diese letzten Tätigkeiten vollendet waren, versammelten wir uns um die Bar. Jeder nahm ein Glas und füllte es mit der Bowle, die Stunden vorher mit frischen

Früchten und Wodka angesetzt worden war. Die Bowle hatten wir „Lady Killer" getauft, weil wir die Erfahrung gemacht hatten, dass die Mädels aus unserem Freundeskreis sie sehr gerne mochten und sie auch die entsprechende Wirkung zeigte. Wir versammelten uns alle vor der Theke, Tomi ließ einige Hip-Hop-Lieder laufen und mit einem Schnaps stießen wir alle auf einen hoffentlich tollen Abend an.

Die Party konnte starten. Durchschnittlich kamen zu diesen Partys ca. 100 bis 120 Leute und die Nacht wurde zum Tag. Jedes Jahr. Zehn Jahre in Folge sollten es werden. Angeblich planten die Leute ihren Urlaub so, dass sie auf keinen Fall meine Events verpassten und bei meinen Hauspartys dabei sein konnten. Diese Veranstaltungen sprachen sich auch bis zur Polizeidirektion in meinem Bezirk herum.

Die Beamten kamen jedes Jahr etwa gegen 03:00 Uhr morgens und baten uns, sehr höflich und mit einem Augenzwinkern, doch die Musik etwas leiser zu machen, um die Nachbarn nicht zu stören. Jedes Mal verabschiedeten sie sich mit den Worten: „Bis nächstes Jahr, Herr Rossi."

Meine Hauspartys startete ich 1998. Ich wollte mich wegen meines sich stetig verschlechternden gesundheitlichen Zustands mit diesen alljährlichen Partys bei meinen Freunden für ihre Freundschaft und Hilfsbereitschaft bedanken. Meine Eltern fuhren jedes Jahr im Juli/August nach Sizilien. Es fiel ihnen nicht leicht, mich allein zu lassen. Doch ich fand es herrlich. Einfach mal allein und auf mich gestellt zu sein.

Ohne die Überfürsorge meiner Eltern. Ich liebte ihre Fürsorglichkeit und war dankbar dafür. Trotzdem erschlug sie mich manchmal. Zuerst waren es nur meine Freunde, die ich zu den Partys einlud, doch mit den Jahren wurden es immer mehr Menschen und ich entschied irgendwann, nur noch Leute einzuladen, die ich persönlich kannte. Es war unbeschreiblich, wenn die Wohnung kurz davor war, aus allen Nähten zu platzen. Trotz der ausgelassenen Stimmung ging nie etwas zu Bruch. Es zählte an diesen Abenden allein das Wiedersehen und unsere Freude. Wir rockten und tanzten, bis die Sonne aufging.

In diesem Jahr 2001 war nur eine Sache anders: Während die anderen in der Wohnung meiner Eltern werkelten, sollte ich im Fitnessstudio stehen. Mein Probetag! Wir begannen schon morgens mit den Vorbereitungen und alles lief gut, doch plötzlich, kurz vor 12:00 Uhr, spürte ich ein leichtes Ziehen in der Nierengegend. Mit der Zeit wurde der Schmerz immer heftiger. Na toll, gerade heute streikte mein Körper. Ich legte mich kurz hin und Samy fragte: „Was ist los? Hast du dich verhoben? Vielleicht beim Umbau?" Ich hatte keine Ahnung, antwortete aber: „Gut möglich." Dann nahm ich eine Schmerztablette und betete, sie würde schnell wirken, denn der Schmerz war nicht auszuhalten. Ich hatte Glück: Die Schmerzmittel zeigten ihre Wirkung, sodass ich pünktlich um 13:00 Uhr ins Studio fahren und meine Freunde allein weiter machen lassen konnte.

Im Fitnessstudio lernte ich zuerst Evelyn kennen. Eine Dame, die mit ihren 59 Jahren wahnsinnig sportlich und im Kopf sehr jung geblieben war. Jeder Kunde kannte sie. Sie war die gute Seele des Studios. Nachdem wir mit der Vormittagsschicht die Übergabe erledigt hatten, war ich jetzt alleine zuständig für den Servicebereich. Die Kasse, die Milchshakes, die Getränke, die Sauberkeit hinter, auf und vor der Theke, all das lag in meinem Aufgabenbereich.

Und natürlich immer freundlich zu sein gegenüber den Kunden. Evelyns Arbeitsplatz war der Trainingsbereich. Ab und zu kam sie auch hinter die Theke, um mir zu helfen, da ich oft noch das ein oder andere vergaß. Wir waren sofort ein Team und wurden später scherzhaft von allen „Das Rentnerduo" genannt. Heute war in der Mittagszeit kaum Kundschaft im Studio, weshalb wir begannen, uns zu unterhalten. Ich erzählte ein bisschen von mir, Evelyn von sich und so verging die Zeit. Gegen 15:00 Uhr bemerkte ich in der Nierengegend wieder ein Stechen, das immer heftiger wurde. Ich begann zu schwitzen und wurde nervös. Ich lief auf und ab, versuchte alle möglichen Positionen einzunehmen, um den Schmerz wegzubekommen. Suchte mir Arbeit, um mich zu bewegen, um mich abzulenken. Hauptsache, die Schmerzen würden aufhören. Immer öfter griff meine Hand automatisch an die rechte Flanke. Es wurde wieder heftiger. Erneut nahm ich ein Schmerzmittel und hoffte, es würde schnell wirken. Währenddessen versuchte ich mir nichts anmerken zu lassen. Es muss ausgesehen haben, als hätte ich mir irgendeine Droge eingeworfen, die Wirkung hätte nun nachgelassen und mein Körper verlangte nach mehr.

Ich ging einige Male zur Toilette und blieb länger als nötig dort, um so die Zeit zu überbrücken. Ich wischte mir mehrmals über das Gesicht, um die Blässe loszuwerden. Er war kaum noch auszuhalten, dieser Schmerz. Doch ich hielt ihn aus. Bis Feierabend. Eine kurze Verabschiedung von Evelyn und ich quälte mich zum Auto. Ich fuhr viel zu schnell nach Hause, wo ich direkt vor der Haustür einen Parkplatz fand. Mit schmerzverzerrtem Gesicht und gebeugtem Oberkörper kroch ich die drei Stockwerke hoch. In der Hoffnung, keiner würde es mitbekommen. Oben angekommen, öffnete ich die Wohnungstür. Ich ging schnurstracks ins Badezimmer, holte drei hoch dosierte Schmerztabletten und lief in mein Zimmer. Alle drei Tabletten nahm ich mit einem Schluck Cola und legte mich sofort ins Bett. Meine Freunde waren noch immer mitten in den Partyvorbereitungen. Erneut fragte Samy besorgt: „Sag mal, das ist doch nicht mit anzusehen, sollen wir dich ins Krankenhaus fahren?" „Nein, macht weiter und kümmert euch nicht um mich." Ich wälzte mich nur noch ein paar Mal im Bett hin und her. Solange bis die Schmerztabletten wirkten. Ich hielt das ganze Wochenende durch, ein Hoch auf die Schmerzmittel. Mit ihnen schaffte ich es. It´s Party time und nichts anderes. Meine Hausparty war wie immer ein voller Erfolg: Mehr als 100 meiner Freunde aus nah und fern kamen angereist und ich wollte sie nicht enttäuschen.

Deshalb hielt ich durch. Am Montag fuhr ich morgens direkt in die Urologie- Klinik und wurde gleich dort behalten. Die Ärzte fanden einen 2,5 cm großen Diamanten. Nein, schön wäre es gewesen. Ein Nierenstein hatte sich gebildet und solche Schmerzen verursacht. Der Urologe konnte es nicht fassen, dass ich das Wochenende durchgehalten hatte. Ab diesem Zeitpunkt hatte ich zehn Jahre lang dauernd Nierensteine. In der Urologie war der Satz: „Herr Rossi, ist ein Jahr schon wieder vorbei?", schon legendär. Genau wie bei der Polizei, wenn ich meine jährliche Party feierte. Jedes Mal konterte ich: „Bin steinreich, kann mir aber nichts davon kaufen."

Mit meinen Nierensteinen musste ich in den kommenden Jahren noch sehr viele schmerzhafte Erfahrungen machen. Bei einer meiner Stoßwellen- Behandlungen wurde ich auf einer Liege festgeschnallt, damit ich mich nicht bewegte. Ein Zugang wurde in die Vene gelegt, durch den das Schmerzmittel einlaufen sollte. Der sehr junge, unerfahrene Assistenzarzt verfehlte, ohne es zu bemerken, die Vene und wir fingen mit der Beschallung an.

Dabei wird ein Elektrostrahl auf den Nierenstein gerichtet und der Stein wird gezielt im Inneren des Körpers beschossen. Diese Behandlung ist ohne Schmerzmittel nicht möglich. Fünf Minuten lang beschoss dieses Gerät meine Niere. Ohne Schmerzmittel. Denn die liefen durch den Zugang an meiner

Vene vorbei. Ich schrie vor Schmerzen und brüllte den Arzt an, ich würde kein Mittel merken, er müsse die Vene verfehlt haben. Doch er glaubte mir anfangs nicht und meinte nur, es dauere eben ein bisschen, bis das Schmerzmittel wirken würde. Ich war froh, in diesem Moment keine Waffe in der Hand gehabt zu haben. Ich weiß nicht, was sonst passiert wäre. Wir stoppten die Sitzung und er bemerkte, dass er im Unrecht war. Das Schmerzmittel lief tatsächlich nicht in die Vene, sondern daneben. Es war gut sichtbar, weil sich eine kleine Beule an meinem Arm gebildet hatte, in der sich das Mittel sammelte. Er entschuldigte sich und wir starteten einen zweiten Anlauf. Leider war das noch die harmloseste Sitzung, die ich miterleben durfte. Zweimal wurde ich wegen der Nierensteine operiert und es gab Komplikationen.

Die anderen Male möchte ich nicht erwähnen. Ich möchte sie nur vergessen.

13
Mein Freund ohne Augenlicht

Im Fitnessstudio lernte ich wahnsinnig viele neue Leute kennen, aber vor allem jemanden, der mittlerweile zu meinem engsten Freundeskreis gehört. Uns beide verbindet eine große Sache: ein „Handicap".

Sein Name ist Mulgheta, Spitzname „Mule".

Er hat den Körper eines Leichtathleten, ist von großer Statur, muskulös und durchtrainiert, eben ein Sportler durch und durch. Doch eines fehlt ihm: sein Augenlicht. Bei einem Autounfall wurde es dunkel um ihn. Da war er gerade 21 Jahre jung. Er schloss seine Augen für den Bruchteil einer Sekunde am Steuer, fuhr gegen einen Baum und wachte Monate später in der Intensivstation auf. Er zog sich mehrere Knochenbrüche zu. Sein Leben veränderte sich, als er denn Verlust seines Augenlichtes bemerkt. Es dauerte, bis er seinen neuen Zustand verstehen konnte und lernte, ihn zu akzeptieren und damit umzugehen. Er war lange verbittert und wahnsinnig wütend auf sich selbst. Doch irgendwann begann er bei einem Institut für Blinde eine Lehre als Korbflechter. Durch eine Kooperation zwischen Mules Organisation und dem Fitnessstudio, in dem ich arbeitete, kam er regelmäßig zum Trainieren zu uns. Als wir uns zum ersten Mal im Studio begegneten, stand er an der Theke. Mule sprach mit einer meiner Kolleginnen, die auf mich wartete, weil ich sie ablösen sollte. Ich wunderte mich, dass er im Fitnessstudio eine Sonnenbrille trug, dachte mir aber nicht viel dabei. Es ist die Entscheidung jedes Einzelnen, wie er sich wo kleidet oder welche Accessoires er verwendet. Also begrüßte ich ihn nur: „Hallo, ich bin Rossi und bin neu im Service-Team."

„Hi, ich bin Mule", erwiderte er und bat mich, ihn zu einem Gerät zu führen. Ich stutzte und er bemerkte es sofort.

„Was glaubst du, wieso ich die Sonnenbrille trage?"

„Ich denke, um cool auszusehen, oder?" und zuckte mit den Schultern. Er grinste und antwortete: „Nein, ich bin blind und brauche kurz deine Hilfe." „Äh, klar." Ich war überrascht, denn er kam mir so „normal" vor. Mit der Zeit lernten wir uns immer besser kennen. Nach meiner Schicht fuhr ich ihn abermals nach Hause oder ließ ihn am Trainingsgelände raus, wo er Blindenfußball spielte. Ich fand das alles hoch spannend und wahnsinnig interessant, weshalb ich ihm oft beim Fußballtraining zusah. Anfangs konnte ich mir nicht im Geringsten vorstellen, wie man Fußball spielen sollte, ohne etwas zu sehen. Ich wurde eines Besseren belehrt: Auf einem Feld, etwa so groß wie ein Handballfeld und begrenzt durch Banden, gibt es zwei Mannschaften mit jeweils fünf Spielern. Im Ball ist eine Rassel eingebaut, um ihn nach Gehör orten zu können. Die einzigen Spieler auf dem Platz, die sehen können, sind die Torwarte. Es war faszinierend dabei zuzusehen und ich konnte nicht genug davon bekommen, weshalb ich Mule wirklich gerne zum Training und dann nach Hause fuhr.

Irgendwann fragte er mich, ob ich ihm vielleicht auch beim Einkaufen behilflich sein könnte, und ich sagte zu. Wir fuhren zum Supermarkt und Mule erklärte mir sein Einkaufssystem: Wir nahmen uns einen Einkaufswagen und fingen an, uns von Regal zu Regal vorzuarbeiten. Ich beschrieb ihm, was ich sah, und er sagte mir, ob er es benötigte oder nicht. Ich erklärte ihm genau, was auf den Verpackungen stand und wie lange die Lebensmittel haltbar waren. Von da an ging ich öfter mit Mule einkaufen und wir wurden ein gut eingespieltes Team. Er half mir im Gegenzug mit seiner Muskelkraft und Kondition. Er trug mir zum Beispiel meine Einkäufe, vor allem die schweren Getränkekisten nach oben. Beim ersten Mal nahmen wir das Treppenhaus gemeinsam, Mule prägte sich alles ein von da an wartete ich unten, während er meine Einkäufe allein nach oben schaffte. Wir ergänzten uns hervorragend und jedes Mal, wenn einer wegen seiner Behinderung Hilfe benötigte, half der andere aus.

Mule, blind, aber mit Kraft und Luft. Ich mit Augenlicht, aber schwach und ohne Luft. Mule gehörte von nun an zu unserer Clique. Eines Nachts waren wir beide in der Stadt unterwegs und ich fuhr ihn gegen halb vier nach Hause. Da er das Gefühl hatte, sich etwas erkältet zu haben, wollte ich kein Risiko eingehen und benutzte zur Sicherheit im Auto einen Mundschutz. Die Straßen waren komplett leer. Doch nach etwa zehn Minuten Fahrt sah ich ein Blaulicht im Rückspiegel und las „Bitte stehen bleiben." Die Polizei hielt uns an. Die Beamten stiegen aus. Einer kam zu mir ans Fahrerfenster, der andere an Mules Fenster. Ich erzählte schnell Mule, was passiert war, öffnete die Scheibe und fragte: „Guten Abend, was ist passiert, habe ich was falsch gemacht?"

„Papiere bitte und die von ihrem Freund bitte auch."

Die nächste Frage kam gleich hinterher: „Wo kommen Sie beide gerade her? Waren Sie auf einer Kostümparty?"

„Bitte?" „Was?" - in dem Moment verstand ich, was der Beamte dachte: „Bitte hier meine Papiere. Mein Freund ist blind und etwas erkältet und ich habe Mukoviszidose, das ist ein Gendefekt." Ich erläuterte kurz meine Krankheit, um so die Situation zu erklären. Die Anspannung der Beamten ließ nach und einer von ihnen löste die Sachlage auf: „Ach so. Alles in Ordnung. Sie können weiterfahren. Es sah nur etwas skurril aus: ein Fahrer mit Mundschutz und ein Beifahrer mit Sonnenbrille. Vor allem um diese Uhrzeit. Hier bitte Ihre Papiere. Gute Fahrt!" Wir durften weiterfahren und hörten nicht mehr auf zu lachen, bis wir bei Mule zuhause ankamen.

14

Sizilien

Die Jahre vergingen. Einige meiner Freunde hatten geheiratet oder waren in Beziehungen, bekamen Kinder und zogen aus Stuttgart weg, nach Berlin, Frankfurt, Kassel, Hamburg oder Zürich. Ich vermisste sie alle und ich setzte mir in den Kopf, einmal im Jahr „meine" Deutschland-Zürich Tour zu unternehmen. Trotz meiner Situation wollte ich meine Leute sehen. Sie freuten sich über meinen Besuch und mich wiederum freute es, mal herauszukommen und meinem Alltag in Stuttgart zu entfliehen. Mit der Zeit war auch das Reisen sehr schwierig geworden, doch ich wollte es nicht reduzieren. Also machte ich mich schlau und fand genau das Richtige für mich: Ich ließ mir von meiner Krankenkasse, die mir mit den vielen Medikamenten und Hilfsmitteln, die ich benötigte, zum Glück nie Steine in den Weg legte, einen Sauerstoff- Konzentrator verschreiben. Dieses Gerät hat den Vorteil, dass man es überall hin mitnehmen kann und es nur ab und zu an eine Steckdose anschließen muss, um mit Sauerstoff versorgt zu werden. Mein Sauerstoffgerät gehörte von nun an zu mir. Wenn ich an einem gesundheitlich gesehen guten Tag das Haus verließ, hielt ich ohne zusätzlichen Sauerstoff maximal drei Stunden durch. Am Abend und in der Nacht ging es gar nicht mehr. Der Konzentrator ist ein Apparat, der den Sauerstoff aus der Umgebungsluft anreichert. Super für mich. Somit war ich in der Hinsicht mobil. Ich war mit meiner Cousine Isa für ein Wochenende nach Como in Italien gereist. Im Hotelzimmer angekommen, brauchte ich erst einmal Sauerstoff. Doch ich hatte vergessen, dass die Anschlüsse in Italien anders waren als in Deutschland. Leichte Unsicherheit kam in mir auf, ich bemerkte, dass ich keinen Adapter eingepackt hatte. Wir gingen nach unten an die Rezeption und schilderten die Situation.

Der nette Nachtportier bedauerte, dass die Geschäfte erst am nächsten Tag wieder öffnen würden. Bis dahin würde ich es doch wohl aushalten! Doch er sah mir an, wie schlecht es mir mittlerweile ging. Meine Lippen waren aufgrund des Sauerstoffmangels bereits blau angelaufen. Ich schwitzte auch und war sehr unruhig. Meine Atemfrequenz wurde immer höher. Wir gingen zurück ins Zimmer und ich hatte keine Ahnung wie ich diese Nacht überstehen sollte. Panik stieg in mir auf. Im Notfall würde ich eine Nacht im Krankenhaus verbringen, denn dort müsste es ja Sauerstoff geben. Ich versuchte, den Sauerstoffmangel durch Inhalation zu kompensieren, doch auch das half auch kaum. Plötzlich klopfte es an der Tür. Es war der Nachtportier: „Entschuldigen Sie die Störung. Können Sie mit diesem Adapter etwas anfangen, für Ihr Sauerstoffgerät?"

Er hielt mir einen Stecker hin. Ich probierte ihn sofort aus und es klappte: Luft, endlich Luft! „Mille grazie!" Ich gab ihm ein dickes Trinkgeld und war ihm so dankbar, vor allem als er erzählte, er habe die letzte halbe Stunde überall herumtelefoniert, bis er jemanden fand, der ihm einen Adapter bringen konnte. Nun konnte der Urlaub beginnen.

Isa und ich genossen diese faszinierende kleine Stadt Como, in der Region Lombardei. Viel Sonne, einige Espressi auf dem Domplatz, die kleinen Spaziergänge am See und in dessen Umgebung. Und eines sollte mir nie wieder passieren: Von nun an war ich, wenn es nach Italien ging, mit Adaptern eingedeckt. Ich liebte Sizilien und unser Heimatdorf, doch auch dort war es mir ohne Unterstützung kaum möglich einen Urlaub zu verbringen. Glücklicherweise habe ich meinen Cousin Martino. Er hatte eine Zeit lang in Stuttgart im selben Haus wie ich gelebt. Doch irgendwann entschlossen sich meine Tante und mein Onkel den Plan, den meine Eltern ebenso gehabt hatten, in die Tat umzusetzen und zurück nach Aragona zu gehen, um dort wieder Fuß zu fassen. Es war am Anfang sehr hart für mich, meinen Cousin Martino und meine Cousine Chris fahren zu lassen, aber schließlich gewöhnte ich mich daran und erkannte die Vorteile: Martino organisierte alle Dinge, die ich benötigte, um auf Sizilien entspannt Urlaub machen zu können. Er ließ es mir an nichts fehlen. Er gab mir jedes Mal sein Auto. Ich liebte den roten Renault R4. Er hatte nichts, außer vier Räder, ein Blechgehäuse, eine Schaltung und einen Motor, der funktionierte. Doch das Besondere an diesem Wagen war einerseits die Anlage, die Martino eingebaut hatte und anderseits das rosa Innenraumlicht. Stieg man ein, fühlte man sich in die Siebzigerjahre versetzt. Dazu hörten wir passende Musik, wie zum Beispiel Songs von Pink Floyd.

Martino verdankte ich auch, Pink Floyd in Stuttgart gesehen zu haben. Ich war damals 14 Jahre alt. Am 25.06.1989 ging es mit meinem Cousin ins damalige Neckarstadion. Er nutzte einen zweiwöchigen Urlaub in Stuttgart, um mit mir dieses

Konzert zu besuchen. Ich sah zum ersten Mal ein Stadion und gleichzeitig waren wir mittendrin - zusammen mit über fünfzigtausend Zuschauern. Ich staunte nur noch. Wir gingen ganz nach vorn Richtung Bühne, aber egal, wie nah wir waren, ich sah nichts.

Das bemerkte ein uns unbekannter Konzertbesucher und schwupp- packte er die paar Kilo meines Körpers auf seine Schultern und ich sah das großartige Konzert komplett bis zum Ende. Lichtshow, riesengroße Boxen, ständiger Nebel um die Bühne und ganz viele Musiker. Sie hatte mich gepackt, die Faszination eines Konzertbesuchs, die ich im Laufe der Jahre noch über einhundert Mal spürte. Durch Martino lernte ich auch meine Heimat besser kennen. Jedes Mal, wenn ich nach Sizilien kam, organisierte er Touren, die genau auf meine Bedürfnisse abgestimmt waren.

Ein wahnsinnig tolles Erlebnis war die Besichtigung des Vulkans Ätna. Schon die Anfahrt ist faszinierend.

Die Landschaft verändert sich von fruchtbarem Boden zu Asche und Staub. Wir fuhren bis zur Aussichtsplattform auf 1900 Meter hoch und gingen noch ein paar Schritte, bis es mir nicht mehr möglich war. Die Höhe nahm mir das bisschen Luft, das ich hatte. Ganz langsam, in kleinen Schritten ging ich bis zu einem kleinen Krater, aus dem Schwefel austrat und von welchem der Ausblick zum Dach des Vulkans großartig war. Für uns Sizilianer ist es ein mystischer Ort und ich fand, wir hatten irgendwie etwas gemeinsam, der Vulkan und ich. Wir spuckten beide etwas aus unserem Inneren aus: der

Ätna, seine Lava und ich mein Sekret. Während meines Urlaubs auf Sizilien lernte ich Martinos Freunde kennen und mit der Zeit wurden sie auch meine Freunde. Auch sie nahmen meine Krankheit zur Kenntnis und waren sehr interessiert. Für sie war es ebenso- wenig ein Problem, sich nach mir zu richten. Mit ihnen verbrachte ich gerne meine Zeit, es war einfach, entspannt mit ihnen am Strand zu liegen, über schöne Mädchen zu sprechen oder über unsere Leben, die wir so unterschiedlich lebten. Sie in Sizilien und ich in Stuttgart.

Abends gingen wir auf diverse Strandpartys. Und ich lernte etwas sehr Besonderes von ihnen: Sie besaßen nicht viel Geld, aber das hinderte sie nicht daran, unbeschwert das Leben zu genießen. Beim Weggehen wurde darauf geachtet, dass es immer gerecht zuging. Ob bei Rechnungen im Restaurant oder sonstigen Ausgaben: Es wurde immer geteilt. Das beeindruckte mich zutiefst.

15

Die Lungentransplantation

Bei einem weiteren Klinikaufenthalt, den genauen Tag weiß ich nicht mehr, aber es muss irgendwann im Juni 2011 gewesen sein, lag ich im Bett und hörte laute Schritte auf meine Zimmertür zukommen. Das musste der Oberarzt sein, den man schon von Weitem an seinen Holzclogs erkannte: Klock, klock, klock, jeden einzelnen Schritt: Klock, klock, klock. Er klopfte und kam herein, um mit mir über meinen Gesundheitszustand zu sprechen.

„Hallo Rossi", er klang sehr angespannt, „Wie du bemerkst, werden die Intervalle eines stationären Klinikbesuchs bei uns immer kürzer. Die Antibiotika zeigen kaum noch Wirkung. Du meisterst es so gut mit deiner positiven Einstellung und viele nehmen dich als Vorbild. Aber sinnvoll wäre, und diesmal sehe ich absolut keine Alternative mehr, eine baldige Vorbereitung für eine Lungentransplantation zu planen." Das war das zweite Mal, dass er mich darauf ansprach. Die Werte zeigten, dass keine Besserung mehr eintreten und der Zustand sich eher dramatisch verschlechtern würde. Über dieses Thema hatte ich mir nun auch meine Gedanken gemacht. Meine Einstellung von früher hatte sich verändert. Die Zweifel und die Unsicherheit waren immer noch da, doch endlich gab ich dem Oberarzt meine Zustimmung und er ließ einen Termin für ein Vorstellungsgespräch im Klinikum der Universität München vereinbaren. Einige Wochen später fuhr ich zuerst allein nach München und stellte mich den Ärzten dort vor. Als ich im Untersuchungsraum Platz nahm, stellte mir der damalige Oberarzt eine Frage, denn er wollte meine Reaktion testen: „Wir hätten sofort eine Lunge für Sie da. Möchten Sie die haben?"

„Äh ja, haben sie jetzt sofort eine Lunge?" fragte ich verdutzt.

„Nein. Natürlich nicht. Aber wir wollten ihre Reaktion sehen. Die zeigt, dass Sie im Zweifel auch sofort ja sagen würden. Jetzt wissen wir wenigstens, dass Sie bereit sind. Jenen steinigen Weg zu gehen, der auf sie zukommen wird. Wir hoffen, dass wir eine neue gesunde Lunge für Sie finden, während Sie ihren Körper darauf vorbereiten."

Wie naiv ich in diesem Moment doch war. Naiv, aber zu allem bereit. Bereit, den großen Schritt zu wagen. Ich entschied, dass ich alles tun würde, um diesen Weg zu gehen, doch unter meinen Bedingungen.

Diese Bedingungen waren unter anderem, dass ich alle notwendigen Untersuchungen (und das waren eine ganze Menge von A) wie Augenarzt bis Z) wie Zahnarzt) in Stuttgart machen lassen würde. Die beiden anwesenden Ärzte waren überrascht, gleichzeitig aber gefiel ihnen mein Wille und sie waren einverstanden. Ein kompletter Check dauerte im Normalfall, dort in der Transplantationsklinik, drei Wochen, doch bei mir in Stuttgart zog es sich etwas länger hin. Meine positive Einstellung zu diesem Thema wurde des Öfteren auf die Probe gestellt.

Angst überkam mich, denn auf einmal war dieses Thema, der Tod, sehr aktuell. Ich merkte ja, dass die Medikamente nicht so wirkten wie in den Anfangsjahren meiner Krankheit. Mittlerweile halfen Tabletten oder Inhalationen kaum noch. Wenn ich nachts einen Reizhusten bekam, der stundenlang ging, ich hustete und hustete, es aber nicht mehr aufhören wollte, wenn ich durchgeschwitzt auf der Couch wartete, bis meine Mama mit dem Wechseln der nassen Bettlaken fertig war. Das Einzige, das noch half, war abzuwarten, bis ich vor Erschöpfung einschlief. Die sich häufenden Krankenhausaufenthalte, die trotz allem immer schön waren. In diesen Augenblicken fragte ich mich immer wieder nach dem Sinn des Lebens und ob es sich überhaupt noch lohnen würde, Selbiges weiterzuführen. Was wäre, wenn sich der Zustand nach der Transplantation verschlimmern würde?

Ich vielleicht ins Koma fallen würde? Wochenlang? Monatelang? Ich in München auf der Intensivstation läge und meine Eltern in Stuttgart waren?

Ich war der Meinung, sie ertrugen nun seit achtunddreißig Jahren eine Last mit mir. Weshalb ihnen weiterhin all die notwendigen Strapazen antun? Ich will nicht bestreiten, dass ich nicht immer ein Lächeln auf den Lippen hatte und mein Leben oft nicht leicht fand. Viele dunkle Gedanken. Jene Gedanken versuchte ich am nächsten Tag mit einer positiven Einstellung von mir zu schieben. Immer halfen mir die Nachrichten meiner Freunde, die mich nie vergaßen, dafür aber mich meine Sorgen vergessen ließen. Wann aber ist der Zeitpunkt gekommen, sich für die Transplantation zu entscheiden? Es ist verwirrend für einen Außenstehenden, denn alleine die Erkenntnis weniger Luft zu bekommen wäre, ohne groß zu überlegen, ein Argument, sich auf die Transplantationsliste setzen zu lassen.

Ich arrangierte mich mit der Zeit mit dem Umstand, weniger Luft zu bekommen. Trotzdem war ich der Meinung, weiterhin die Situation im Griff zu haben und den Alltag zu meistern. Obwohl mein Gesundheitszustand nicht gut war. Ich ließ mir sehr viel Zeit für meine Untersuchungen. Ich kann nicht erklären warum, aber ich wusste, wenn ich gelistet war, dann gab es kein Entrinnen mehr. Obwohl ich mir nichts sehnlicher wünschte, als dieses Organ zu bekommen, gab es irgendetwas, was mich daran hinderte, mich in Gedanken vollständig darauf einzulassen. Die Argumente gegen eine

Transplantation, die ich nicht müde wurde aufzuzählen vielleicht?

Bei jeder stationären Aufnahme in die Klinik ließ ich nur eine einzige Untersuchung machen und so zog sich diese Prozedur über eineinhalb Jahre. Außerdem gab es die Regel, dass man sich nicht weiter als zweihundert Kilometer vom Wohnort entfernen und vor allem nicht das Land verlassen durfte, sobald man einmal auf der Warteliste stand. Das hieß für mich: Ich könnte nie wieder verreisen, ohne mich von der Liste nehmen zu lassen. Deshalb beschloss ich, im Jahr 2011 eine endgültige Abschiedstour zu unternehmen, bevor ich alle Untersuchungen abschließen würde. Ich flog, obwohl es in meinem Zustand eigentlich nicht verantwortungsvoll war, mit dem Flugzeug nach Sizilien. Sah meine Freunde und Verwandten noch einmal, blickte nochmals aufs Meer und hoffte, sowohl meine Lieben als auch das Meer irgendwann wiederzusehen. Ich prägte mir jeden Moment ein. Zurück aus Sizilien fuhr ich noch in all die Städte, in denen meine Freunde wohnten, und verbrachte mit Ihnen intensive Momente. Unter anderem fuhr ich in die Schweiz, nach Zürich, zu meiner ehemaligen Physiotherapeutin Anja. Meine letzte Station auf dieser Reise war Berlin, wo Jana und Teddy wohnten. Sie waren Eltern eines Sohnes Namens Rio geworden. Es war mir ein großes Anliegen, den kleinen Rio zu sehen. Mein Wunsch war, ihn in die Arme zu nehmen. Noah und ich fuhren morgens am 3. Oktober los. Wir kamen gegen 15:00 Uhr an. Wir ruhten uns kurz aus, da Rio schlief. Ich nutzte die Gelegenheit und inhalierte noch mal eine Dosis. Dann ergab sich dieser wunderschöne Moment. Beide, Jana und Teddy kamen ins Wohnzimmer und Teddy trug Rio in einem weißen Seidentuch auf seinen Armen.

„Darf ich vorstellen, Rio, das ist dein Onkel Rossi. Hier nimm ihn mal zu dir." Klein und zerbrechlich fühlte er sich an. Teddy hatte aber nicht die geringste Angst, dass etwas passieren könnte, dass ich Rio fallen lassen würde, als ich ihn zu mir nahm. Sein großes Lächeln auf dem kleinen Gesicht verzauberte mich. Seine Augen strahlten vor Neugier. Als würde er mir mitteilen wollen: Ich will dich kennenlernen, Onkel Rossi. Zu fünft gingen wir in der Nähe der Wohnung etwas essen und verbrachten eine für mich so kostbare Zeit zusammen. Ein Erinnerungsbild mit Rio. Das war alles, was ich noch wollte. Mit Tränen in den Augen verabschiedete ich mich von Jana, Teddy und Rio. Noah und ich machten uns gegen 18:00 Uhr auf den Weg zurück nach Stuttgart. Wir fuhren an der Ausfahrt zu Annas Wohnort vorbei. Noah sah mich an und fragte: „Rausfahren?"

Natürlich fehlte sie mir.

Doch ich war dumm genug zu denken, es würde keiner merken. Dabei hätte ich wissen müssen, dass meine Freunde, und in diesem Moment Noah, mich gut genug kannten, um zu erkennen, wie es in mir aussah: „Ach Noah, wem mache ich eigentlich was vor?" Noah zuckte mit den Schultern,

antwortete: „Keine Ahnung! Wahrscheinlich nur dir selbst.“
und fuhr an der Ausfahrt vorbei. Es waren zu diesem
Zeitpunkt schon 175 Tage vergangen, seitdem ich Anna das
letzte Mal gesehen hatte. Ich hoffte jeden Tag, diese
Sehnsucht nach ihr würde nachlassen. Ich ließ es sein, mich
bei ihr zu melden. Es sollte von Anna aus kommen, aber es
kam nicht. Es gab Tage, da war sie vergessen.
Kurze Momente, in denen ich nicht an sie denken musste.
Von einem sozialen Netzwerk bekam ich immer eine
Mitteilung, sobald sich auf ihrer Profilseite etwas tat:
Postings, Musik, Selfies. Letztere sah ich mir am liebsten an,
obwohl ich wusste, dass ich mir damit keinen Gefallen tat.
Doch ich war zu schwach, um es nicht zu tun. Ich konnte sie
nicht nur nicht vergessen, ich wollte es auch nicht. Ich redete
mir ein, irgendwann würde unser Moment kommen.
Irgendwann würde alles gut werden.
Umso schwerer fiel es mir, wenn ich auf dem Weg nach Berlin
oder auf dem Rückweg an dieser Ausfahrt vorbeifuhr. Auf
dieser einen Heimfahrt mit Noah wurde mir bewusst, dass
dieser Augenblick die letzte Chance gewesen war, zu ihr zu
fahren und sie zu sehen. Genau wie die gemeinsame Zeit mit
meinen Freunden in Berlin und Zürich vielleicht die Letzte
gewesen war. Deshalb setzte ich mich, sobald ich zuhause
angekommen war, an den Schreibtisch und begann,
Abschiedsbriefe zu schreiben. Für jeden Einzelnen, der mir so
wichtig war. In einem Schriftstück für einen Freund hatte ich
zusammengefasst Folgendes geschrieben:

Ja, auch du bekommst ein Brief. Ich freue mich, dir diese Zeilen zu hinterlassen. Du bist mein Glück gewesen. Du warst der Mensch, dem ich all meine Geheimnisse anvertrauen konnte, so banal sie auch waren. Wir lachten und gleichzeitig weinten wir gemeinsam. Oft warst Du knallhart ehrlich zu mir, aber böse war ich dir trotzdem nicht. Danke für deine kostbare Zeit. Als ich schwach war, machtest du mich stark. Mit deinen Worten, deiner Unterstützung und durch deine Präsenz. Danke für deine Freundschaft. Du warst und bist ein Teil von mir. Ich gehe mit einem Lächeln.
Dein Rossi.

Danach schrieb ich mein Testament und machte mir Gedanken, wie meine Beerdigung aussehen sollte. Ich schrieb die ganze Nacht und bedachte alles. Von der klassischen Form meiner Beerdigung, in der alle Trauergäste in schwarz kamen, bis zur kunterbunten Variante, bunt wie mein Leben. Von trauriger Musik bis hin zu partytauglichen Platten. Es dauerte eine Weile, bis ich das Passende für mich gefunden hatte und als es so weit war, legte ich meine Aufschriebe in eine weiße Box. Es gab auch einen Umschlag für Anna. Ein Brief und die Kette, die ich ihr eigentlich in Tannheim schenken wollte. Geld für ein Fahrschein von der Bahn, eine Übernachtung in einem Hotel in Stuttgart. Sollte sie sich dazu entscheiden, an meiner Beisetzung teilzunehmen, wollte ich nicht, dass sie meinetwegen Unkosten hätte. Dann beschloss ich, meinen engsten Freundeskreis zu mir kommen zu lassen und die, die außerhalb wohnten, per Videokonferenz zuzuschalten. Ich stand im Wohnzimmer, bereite mich auf meine Rede vor, während sich alle um mich herum versammelten. Es hatte etwas von einer Präsentation. Neben mir nahm ein Mann Platz, den ich aus dem Krankenhaus kannte. Im Laufe unserer Freundschaft habe ich in Hubertus einen Menschen gefunden, von dem ich mir wünschte, er würde meine Messe lesen. Ob es die Hochzeitsmesse sein würde, oder, was meinen Einschätzungen zufolge eher eintreffen würde, die Beerdigung. Er hatte die Gabe, bei seinen Reden die richtigen Worte zu finden, sodass man ihm sicher selbst bei einer Trauerfeier mit einem angenehmen Gefühl zuhören konnte. Für viele war er ein Theologe, ein Seelsorger, aber für mich war er ein Freund, dem ich vieles anvertraute. Wir hatten uns im Olgäle kennengelernt. Eines Tages stand er in meinem Krankenzimmer (meiner Suite 540) und stellte sich als Seelsorger des Hauses vor. Er teilte mir mit, dass er zur Verfügung stehen werde, falls ich reden wollte. Ich fand es gut, dass es diese Alternative gab, aber ich selbst hatte meine Familie und meine Freunde zum Reden. Mit den Jahren und aufgrund des Verlaufs meiner Krankheit war ich dann aber froh, die Option nutzen zu können und Hubertus auf gewisse Themen anzusprechen. Es kamen die grauen, dunklen Tage, in denen Fragen aufkamen. Fragen, die meine Freunde und erst recht meine Eltern nicht beantworten konnten oder darüber sprechen wollten.

Verständlich! Ich wandte mich an Hubertus, der bei seiner Arbeit oft mit ernsten Themen konfrontiert wurde. Ein großes dieser Themen war der Tod. Er war mein ständiger Begleiter und gehörte zu mir. Alltägliche Probleme gab es auch zu besprechen, und manchmal war auch sie, Anna, ein Gesprächsthema. Hubertus hatte ein Gespür dafür, wann es sinnvoll war, dieses Thema anzusprechen. Zu meinen Freunden konnte ich damit nicht mehr gehen. Das Thema war unter uns tabu.

An dem Tag, an dem alle in meiner Wohnung versammelt waren, begann ich zu erzählen, dass nun bald die letzten Untersuchungen anstehen. Würde die Ethik-Kommission für Transplantationen meinem Antrag zustimmen, käme ich auf die Liste für eine neue Spenderlunge. Wie lange würde es dauern, bis ich diese Spenderlunge bekommen würde, und würde ich überhaupt eine erhalten? Würde es diesen einen Spender geben, der einen Organspenderausweis besitzen musste, und dessen Lunge genau zu mir passen würde? Wie alles ablaufen würde, wenn eine Spenderlunge da wäre, könnte ich ebenso wenig sagen. Ich erzählte, dass es für mich am wichtigsten sei, dass alle dabei wären, in diesen letzten Stunden vor der Operation. Natürlich war das ein Wunschgedanke, aber ich wollte ihnen damit zeigen, wie wichtig sie waren. Bis zum Schluss. Bei einem „Gelingen" wünschte ich mir, dass sie nicht alle auf einmal kämen. Sondern einzeln oder in kleinen Gruppen, damit ich auf diese Weise öfter Besuch bekäme.

So würde garantiert mein Vorrat an Cola nicht zur Neige gehen. Natürlich erwähnte ich auch, was passieren könnte, wenn alles schiefging und ich doch sterben würde: In der weißen Box, die den ganzen Abend auf dem Tisch stand, lag ein Zettel, auf dem ich meine Wünsche notiert hatte.

Es war ein sehr emotionaler Abend, an dem ich meinen engsten Vertrauten erklärte, was mich dazu bewogen hatte, es vielleicht mit einer neuen Lunge zu versuchen:

Als ich Mitte 2011, zusagte, war es eine Entscheidung aus rein gesundheitlichen Gründen gewesen.

Aus emotionaler Sicht spielten die Ereignisse in der Reha-Klinik in Tannheim eine wichtige Rolle: Dort wurde mir immer wieder bewusst, was für tolle Freunde ich um mich hatte. Freunde, die alles stehen und liegen ließen, um zu kommen und mir beizustehen. Menschen, die mich in meinen schlimmsten Momenten nie allein gelassen hatten. Die genau zum richtigen Zeitpunkt da waren, mir Kraft gaben und mir durch Worte und Gesten klarmachten, dass sie diesen steinigen und schwierigen Weg gemeinsam mit mir gehen würden. Die Zukunft wartete auf mich.

Ich erzählte ihnen auch, dass Anna der letzte positive Baustein war, den ich brauchte, um meine Entscheidung zu festigen und weiterleben zu wollen. Wären meine Freundschaften und meine Romanze nicht gewesen, hätte ich vielleicht sogar alles wieder abgesagt. Meine Eltern sollten nicht mehr kämpfen müssen für mein Leben. Nicht weiter auf diesem steinigen und holprigen Pfad gehen müssen. Für sie, für meine Schwestern, meine Freunde und erst am Schluss für mich selbst wollte ich es versuchen.

Am 30.11.2012 wurde ich achtunddreißig Jahre alt. Wow, ich hatte es wirklich geschafft, das Durchschnittsalter zu erreichen. Zumindest war das die Zahl, die für Mukoviszidose-Patienten errechnet worden war.
Für einen Augenblick war ich zynisch, aber gleichzeitig war ich stolz. Viele Patienten erreichen dieses Alter leider immer noch nicht, trotz intensiver Behandlung. Viele, über die Jahre lieb gewonnene und sehr enge Freunde von mir, haben es nicht geschafft und gingen vor mir von dieser Welt. In meinen 38 Jahren legte ich oft den Weg zu einem Grab zurück. Und jedes Mal machte er mich gleichermaßen wütend und hilflos. Immer wieder, wenn ich vor einem dieser Gräber stand, ging mir diese Gedanken durch meinen Kopf:
Wann wird es bei mir so weit sein? Wieso habe ich so viel Glück? Wann wird diese sinnlose Krankheit endlich heilbar sein?

Ralf P. Wieso erwähne ich seinen Namen? Weil ich ihm so viel verdanke. Als ich ihn in „unserem" Olgäle kennenlernte, waren wir gerade in der Physiotherapie-Abteilung. Meine Behandlungsstunde wurde gerade beendet, als er den Behandlungsraum betrat und wir uns zum ersten Mal sahen. „Hallo, ich bin Ralf und wer bist du?" Das war er also. Ich hatte schon viel von ihm gehört. Der Name geisterte überall auf der Station K5 und in der Physiotherapie herum. Er war in der Mukoviszidose-Szene bekannt. Er hatte für alle Patienten oder deren Angehörige immer ein offenes Ohr und war sehr aktiv in der Aufklärung über die Krankheit.

Das, was ich zu verbergen versuchte, zeigte Ralf in der Öffentlichkeit.

Unsere Krankheit. Die Mukoviszidose.

Er zeigte mir über all die Jahre, in denen wir befreundet waren, wie normal es ist, als Mensch mit Handicap durchs Leben zu gehen und dass man sich überhaupt keine Gedanken machen muss, was andere Menschen von einem denken. Wenn ich mit meinen Freunden in eine Pizzeria ging, war meine größte Sorge, den richtigen Moment zu finden, um unbemerkt meine Tabletten einzunehmen. Ralf legte die Tabletten, wenn wir essen gingen, einfach auf den Tisch. Mit seiner speziellen Art sensibilisierte er mich unbewusst. Viele Fragen stellte ich ihm und viele Antworten bekam ich von ihm. Dieses Wissen, das mir Ralf vermitteln konnte, die Tipps und Tricks zum Umgang mit meiner Krankheit, versuche ich heute weiterzugeben. Der Gesundheitszustand von Ralf verschlechterte sich rapide. Für eine Lungentransplantation war es bei ihm zu spät. Dann erhielt ich die traurige Nachricht. Du, Ralf, mein Vorbild, mein Freund, der mir diese besonderen Werte beibrachte. Du bist nicht mehr unter uns.

Ich wäre nicht der Vorzeigepatient, der ich bin, wenn du nicht gewesen wärst, Ralf P.

17
Der Anruf

Mein Geburtstag fiel auf einen Samstag. Ich bekam schon morgens Glückwünsche. Das Geschenk von meinen Eltern: ein Zuschuss für ein neues Handy. Da ich die Gabe hatte, es immer fallen zu lassen. Die komplette Verwandtschaft meldete sich telefonisch und so verbrachte ich fast den ganzen Vormittag am Telefon. Nach meiner Therapie musste ich mich erst mal hinlegen und ausruhen. Für den Nachmittag war Kaffee und Kuchen angekündigt. Mit meinen beiden Schwestern und meinen Nichten genossen wir den Nachmittag. Es war schön mit ihnen diesen Tag zu verbringen. Wie alles im Moment, genoss ich jede Minute sehr bewusst, denn keiner wusste, wie viele solcher Augenblicke wir noch zusammen haben würden. Am Abend kamen ohne Ausnahme alle, die ich eingeladen hatte. Wir redeten, aßen, tranken, lachten und packten zusammen Geschenke aus: Ich hatte von meiner Clique ein tolles elektronisches Gerät bekommen. Teddy schickte mir per Post Konzerttickets für ein Konzert von Paul Kalkbrenner, das im März in Berlin stattfinden würde. Ich wusste, bis dahin würde ich auf der Liste stehen und dürfte Stuttgart nicht mehr verlassen, selbst für das Konzert würde ich keine Ausnahme machen. Scherzhaft dachte ich mir, bis zu diesem Zeitpunkt hätte ich eine passende Spenderlunge, um nur auf das Konzert zu können. Die Wartezeit für eine geeignete Lunge war durchschnittlich 9 Monate, wenn man eine bekam. Die Stimmung auf meiner kleinen Party stieg, meine Freunde begannen zu tanzen, wir lachten und scherzten. Die Zeit verflog und ich saß mittendrin mit meinem Sauerstoffgerät. Alles war so vertraut und alles so selbstverständlich. Im Prinzip fehlte trotz meiner Krankheit in diesem Moment nichts zu meinem vollständigen Glück.

Nichts außer Anna.

Exakt in dem Moment, als mir das bewusst wurde, piepste mein Handy und ich bekam eine SMS von Ihr. 245 Tage nach unserem letzten Kontakt. Anna gratulierte mir: „Alles Gute zum Geburtstag und feiere schön!" War das der Moment, den ich so ersehnt hatte?
In diesem Moment war es der schönste Geburtstagsgruß von allen. Ich antwortete ihr, bedankte mich und beließ es dabei. Ich wollte Anna nicht gleich wieder in Beschlag nehmen. Ich genoss den Moment und war jetzt erst recht in Partystimmung.

Gegen 23:00 Uhr machten wir uns auf den Weg in einen Club. Meinen Sauerstoffschlauch ließ ich zu Hause. Es war ein lustiger Abend, ich tanzte, lachte und genoss jeden Moment. Unfassbar happy kam ich mitten in der Nacht nach Hause. Legte meinen Schlauch wieder an und wusste, dass ich mich ein paar Tage davon würde erholen müssen, aber das war es mir wert. Es kam, wie es kommen musste: Einige Tage später steckte mir die Party noch immer in den Knochen, weshalb ich nach meinem wöchentlichen Physiotherapie-Termin sofort nach Hause fahren und mich hinlegen wollte. Also stieg ich ins Auto und nahm den direkten Weg.

Glücklicherweise fand ich vor der Haustür sofort einen Parkplatz und war zufrieden mit dem Tag. Mehr brauchte ich nicht dafür. Ich wollte gerade aussteigen, da rief das Transplantationszentrum an. Frau Sisic von der Transplantationsambulanz teilte mir mit, dass ich jetzt auf der Liste stünde. Sie gab mir einige Anweisungen, die ich befolgen müsse, wie unter anderem immer erreichbar zu sein und mich abzumelden, falls ich die Stadt verlassen würde. Da ich das in nächster Zeit ohnehin nicht vorhatte, gab ich mein OK und nahm gleichermaßen unaufgeregt wie ungläubig zur Kenntnis: Ich stand jetzt auf der Transplantationsliste. Ich ging nach Hause und erzählte es meinem Papa. Anschließend rief ich meine Mama an, die sich in dem Moment auf Sizilien befand, danach alle meine Freunde. Sie freuten sich alle und machten sich viele Gedanken, ich dagegen war ganz ruhig. In meinem Alltag änderte sich im Wesentlichen nichts. Gerade mal vier Tage später- meine Mama war nun mit dem Reisebus auf dem Heimweg von Sizilien- lag ich auf dem Sofa in meinem Zimmer. Die Sportschau lief und mein Papa bereitete gerade das Abendessen vor. Eine kalte Platte mit ein paar Scheiben Schinken, Parmesankäse, Tomaten und Gurken als Beilage, als mein Handy klingelte. Ich sah auf dem Display, dass es eine Nummer aus München war, und wunderte mich, dass sie sich um die Uhrzeit bei mir meldeten.

„Hallo?"

„Hallo Herr Rossi, hier ist Frau Sisic vom Transplantationszentrum München."

„Ja hallo, Frau Sisic, was ist los?"

„Wo sind Sie gerade?"

„Ich bin zu Hause."

„Dann bitte, bleiben Sie da. Es klingt unglaublich, aber wir haben eventuell eine Spenderlunge für Sie. Die Ärzte sind auf dem Weg, um sich das Organ anzuschauen, und wir würden Sie in einer Stunde nochmals kontaktieren mit einer Rückmeldung, ob es so weit OK ist."

„Habe ich sie richtig verstanden, eine Spenderlunge? Wirklich? Nach vier Tagen auf der Liste? Wow, und was soll ich jetzt tun?" fragte ich überrascht, ängstlich und nervös zugleich. „Nichts. Bleiben Sie zu Hause und wenn Sie möchten, bereiten Sie sich vor: Packen Sie das Nötigste und warten Sie auf meinen Anruf. Und bitte nichts mehr essen."

„Ok", mehr bekam ich in diesem Moment nicht raus und legte auf. „Papa!" schrie ich aus meinem Zimmer! Da mein Papa aber schlecht hörte, ging ich mit meinem Sauerstoffschlauch in die Küche. „Papa, Papa" rief ich noch mal an der Küchentür. „Was ist los?", fragte mich mein Papa, während er weiter das Essen vorbereitete.

„Für mich erst mal nichts zu essen, bitte. Ich darf nichts mehr essen."

„Was? Wieso?"

„München hat angerufen. Sie haben eventuell eine Spenderlunge."

„Wirklich? Aber Mama ist noch nicht da, kannst du nicht am Montag operiert werden?" Man muss wissen, ohne die Meinung der Mama läuft in einem sizilianischen Haushalt nichts.

Zumindest war das bei uns so.

Ich schaute ihn verdutzt an und sagte lächelnd: „Papa, das geht doch nicht! Es ist ja noch nicht sicher. Die Rufen noch mal an und dann wissen wir mehr."

Ich ging zurück in mein Zimmer und schaute weiter die Sportschau. Doch ich war nicht mehr konzentriert bei der Sache: Alle fünf Minuten sah ich auf mein Handy, doch es blieb stumm. Dann kam er doch: der ersehnte Rückruf! Exakt eine Stunde später.

Ich ließ es dreimal klingeln, dann ging ich ran:
„Hallo?"

„Frau Sisic noch mal, ich habe eine tolle Nachricht für Sie. Die Spenderlunge passt nach den ersten Informationen der Ärzte. Wir holen Sie in etwa 30 Minuten mit dem Rettungsdienst ab, bitte weiterhin nichts essen und viel Glück, Herr Rossi!"

Ich legte auf, fing an zu zittern und erneut schrie ich durch die Wohnung: „Papa, Papa, sie haben eine Spenderlunge." Diesmal kam mein Papa mir im Flur entgegen. Ich gab ihm die Aufgabe, bei meinem Onkel anzurufen und ihnen die Nachricht zu verkünden. Ich rief sofort Tomi und Noah an, da sie ja beide nicht weit von mir wohnten:

„Die Spenderlunge ist da! Bitte kommt sofort zu mir".

Ebenfalls fassungslos nahmen sie die Information auf. Tomi kam zuerst bei mir an. Ich erklärte ihm alles Notwendige und gab ihm die Box mit all den Umschlägen, die für meine Eltern und Freunde bestimmt waren, und den Umschlag mit meinem Testament. Währenddessen kamen zwei Rettungsassistenten in die Wohnung, baten mich, mich fertigzumachen. Tomi lief runter zum Rettungswagen. Ich ging zu meinem Papa, der im Flur wartete, um mich zu verabschieden.

Da saß er: Auf dem Stuhl und den linken Arm am Flurtisch angelehnt. Er war achtundsiebzig Jahre alt, hatte die Statur eines Bonsais und in seinem Leben alles getan, was er für seinen Sohn tun konnte. Und er versuchte es noch immer. Er hatte mir das schönste Geschenk von allen gemacht: seine Liebe. Er akzeptierte mich als seinen Sohn, so wie ich war. Er hatte sich niemals beklagt, dass ich nie sein konnte, wie man es sich gewünscht hätte: gesund und stark. Er musste gerade in diesem Moment realisieren, dass er loslassen musste, er jetzt nicht mehr eingreifen konnte und ihm nur die Kraft der Liebe zu seinem Sohn blieb. Mein Papa weinte. Träne um Träne rann seine Wangen hinab. Ich hatte meinen Papa noch nie weinen sehen. Ich nahm ihn in die Arme und sagte leise:

„Ti amo (Ich liebe dich) Papa und sag Mama, dass ich sie ebenso liebe!"

Dann ging ich hinaus. Vor der Wohnungstür ging ich drei Treppenstufen hinunter, drehte mich noch mal um und fing ebenfalls an zu weinen. Ich wollte stark sein und nicht zerbrechen vor meinem Papa, aber ganz gelang es mir nicht. Ich sah immer noch vor mir, wie er dasaß und die Tränen seine Wangen hinabliefen. Es begann leicht zu schneien, als ich die paar Schritte, begleitet von einem der Assistenten zum Rettungswagen ging.

Vereinzelte neugierige Nachbarn schauten aus dem Fenster. Fast schon beschämt stieg ich in den Rettungswagen.

Während einer der Assistenten alles für die Fahrt vorbereitete, schnallte mich der andere an und befestigte die Sauerstoffbrille, die ich nun bekam, an der Sauerstoffflasche im Rettungswagen. Eine Person durfte mich begleiten und wir vereinbarten, dass es Noah sein dürfte. Tomi wollte mit dem Auto nachkommen.

Im Rettungswagen war ich nur noch ein Schatten meiner selbst. Ich hatte Monate vorher alles genau geplant. Doch eines hatte ich nicht planen können: meine Emotionen. Die nun nicht mehr zu kontrollieren waren. Ich zitterte am ganzen Körper. Der Sauerstoffgehalt meiner Lunge wurde durch die Nervosität gefühlt weniger. Noah schlug mir vor, mein Telefonbuch von oben nach unten abzutelefonieren. Allen mitzuteilen, dass ich auf dem Weg nach München sei. Also begann ich, jeden anzurufen oder ihnen zu schreiben, um mich zu bedanken. Wenn alles gut ginge, würden wir uns wiedersehen. Auch bei Facebook postete ich noch einen Text und bedankte mich auf diesem Wege für ein tolles Leben mit tollen Menschen, die mir dieses ermöglicht hatten. Als Letzte war Anna dran. Ihr teilte ich mit, dass der Moment gekommen sei. Ich hätte ein Angebot für eine neue Spenderlunge. Falls alles gut ginge, würden wir uns sicherlich im März auf dem Konzert von Paul Kalkbrenner wiedersehen. Das hatte ich mir zum Ziel gesetzt. Stille herrschte nun im Rettungswagen, die zwei Assistenten hatten ihre Augen auf die Autobahn gerichtet und Noahs Augen waren auf sein Handy fixiert. Meine Blicke waren auf die vielen Schneeflocken gerichtet, die draußen in der Dunkelheit der Nacht umher wirbelten. Ich hatte meine innere Ruhe gefunden und meine Gedanken waren frei von Sorgen und Ängsten. Meine Zeit war jetzt gekommen, ich spürte es. Kurz bevor wir in München ankamen, gab ich Noah noch den einen Umschlag, den ich nicht in der Box bei den anderen verwahrt hatte: „Der ist für Anna! Bitte schick ihn ab."

„Klar, magst du mir sagen, was drin ist?", fragte Noah.

„Ein Brief, in dem steht, dass ich sie nie vergessen werde, gern ein Teil von ihr wäre. Dankbar bin für unsere gemeinsame Zeit und hoffe, sie irgendwo irgendwann irgendwie wiederzusehen. Und die Kette mit dem Herzanhänger, den du damals besorgt hattest."

„Wow, sehr schön. Klar, ich schick ihn ab." Noah nahm den Umschlag und kurze Zeit später kamen wir an.

Die Tür des Rettungswagens öffnete sich: Es war gegen 23:00 Uhr, es schneite auch in München leicht und eine

Krankenschwester kam auf uns zu. Mit einem Rollstuhl wurde ich ins Gebäude gebracht. Wir erledigten alle Formalitäten. Anschließend führte mich ein Pfleger durch verschiedene Gänge. Noah und mir fielen ein paar defekte Neonröhren auf, die flackerten. Noah konnte sich einen Kommentar nicht verkneifen: „Ist wie in einem coolen Horrorfilm." Wir stiegen in den Aufzug und der Pfleger drückte auf den Kopf für den 5. Stock. Stille im Aufzug.

Als wir auf der Station ankamen, wurde ich in einem Einzelzimmer untergebracht. Nach einer kurzen Wartezeit kam die Nachtschwester und erklärte mir, dass noch einige Untersuchungen an der neuen Spenderlunge durchgeführt werden mussten. Das könne sich bis etwa 02:00 Uhr hinziehen. In diesem Moment klopfte es an der Tür. Automatisch rief ich „Herein!" Und traute einen Moment später meinen Augen nicht: Fast all meine engsten Freunde kamen herein. Die Stuttgart-Gang. Sogar Hossy, die hochschwanger war, hatte es sich nicht nehmen lassen, dabei zu sein. Es sind noch einige unterwegs, teilten sie mir mit. Samy, der extra aus Frankfurt losgefahren war, wollte die Restlichen aus der Stuttgarter Umgebung einsammeln. Die Nachtschwester lächelte, zwinkerte mir zu und sagte: „Na, da wird das Warten ja dann nicht so lang", bevor sie das Zimmer verließ. Es war schön. Alle bei mir zu haben.

Wie immer versuchten meine Freunde, mir und sich selbst die Zeit mit Anekdoten von früher zu verkürzen. Man konnte die Anspannung der Ungewissheit im Raum deutlich spüren. Die

Zeit verging viel zu schnell. Irgendwann klopfte es an der Tür und die Schwester betrat den Raum. Sofort war es totenstill, denn wir alle waren gespannt, was sie berichten würde.

„Die Spenderlunge passt!"

Noch immer Stille. Dann hörte man die Erleichterung und spürte Freude bei allen. Hossy nahm mich zum Glück stellvertretend für alle in den Arm.
„Geht es gleich los?", fragte einer meiner Freunde in die Stille hinein. „Nein, es geht erst um 7:00 Uhr in den Operationssaal.", antwortete die Krankenschwester.
„Sie bekommen von mir später noch einen Kittel. Bis dahin können Sie die Zeit noch mit Ihren Freunden verbringen."
Sie ging aus dem Zimmer und kurze Zeit später trafen die restlichen Freunde ein, die sich auf den Weg zu mir gemacht hatten. Ihre erste Frage: „Wie ist die Lage?"
„Die neue Spenderlunge passt, aber die Operation fängt erst um 7:00 Uhr an." teilte Tomi den anderen mit und fügte noch hinzu: „Hey Leute, wir haben jetzt kurz vor 3:00 Uhr. Ich habe Hunger, wer noch?" „Ja! Essen und Trinken wäre jetzt gut." Ich schlug vor, sie sollten sich irgendetwas holen und ich würde mich inzwischen ein wenig ausruhen. Kurz vor 6:00 Uhr kamen sie wieder und ich lag bereits in meinem Kittel im Bett. Um Punkt 7:00 Uhr klopfte es an der Tür. Die Schwester betrat das Zimmer. Jetzt war es so weit. Meine Freunde standen um mein Bett herum und wir beteten zusammen.

Dann schob mich die Schwester hinaus zum Aufzug und sagte: „Es ist jetzt der Moment, Sie dürfen sich verabschieden."

Keiner von uns konnte mehr die Tränen zurückhalten. Jeder Einzelne verabschiedete sich von mir. Hossy hielt so lange meine Hand, bis sich die Tür des Aufzugs öffnete und die Schwester mich hineinschob. Ein letztes Mal blickte ich in die Runde meiner wunderbaren Freunde.

Meine zweite Familie.

Mit denen mich so viel Wertschätzung und Vertrauen verband. Die Tür des Aufzugs schloss sich langsam, aber sicher. Wir fuhren nach unten in den Operationssaal, wo die Narkoseärzte mich bereits erwarteten. Sie waren noch nicht in voller Montur, somit konnte ich ihre Gesichter sehen. Es wurden ein paar Zugänge gelegt, die für die bevorstehende Operation notwendig waren. Im Team herrschte eine gute Stimmung. Zwischenzeitlich unterhielten sich ein paar Ärzte mit mir über die Fußballergebnisse. Kurz bevor ich meine Narkose-Spritze bekam, wurde ich gefragt, ob ich noch etwas sagen wolle. Ich bedankte mich beim Team und sagte, sie sollten nicht traurig sein, wenn es nicht klappt. Ich hatte trotz allem ein tolles Leben. Mit dieser Lunge, 38 Jahre lang.

Dann wandte ich mich im Stillen an Gott: „Falls es noch passt, lass mich noch da, wenn nicht, soll es so sein.

Danke für alles."

Der Narkosearzt kam seitlich an mein linkes Ohr. Mit seiner ruhigen Stimme sagte er: „Ich werde Ihnen jetzt ganz langsam das Narkosemittel geben. Sie zählen bitte ab zehn runter". Zehn, neun, acht. Dann schloss ich meine Augen, die Gedanken ruhten und das Narkosemittel lief durch meine Venen. Ich merkte, wie schön das Gefühl war, langsam einzuschlafen. In wenigen Sekunden sollte es losgehen mit meiner zweiten Chance. Was das Ärzteteam tat, kann ich nur aus den Erzählungen des Chirurgen wiedergeben:

Nachdem ich tief und fest eingeschlafen war, kam das erste Operationsteam. Mein Brustkorb wurde gründlich desinfiziert und die Chirurgen besprachen sich mit den restlichen Kollegen, an welcher Brustkorbseite sie den ersten Schnitt ansetzen würden. Sie entschieden sich, mit der linken Seite zu beginnen.

Das Skalpell wurde seitlich unterhalb meiner Brustwarze angesetzt und mit einem Schnitt von knapp 20 cm wurde meine Haut geöffnet. Mit einem Rippenspreizer wurde die Öffnung fixiert. Mehrere Liter Blutkonserven waren nötig, um meinen Blutverlust zu kompensieren. Dadurch, dass der Chirurg beim Einsetzen der jeweiligen Lungenlappen einen Rippenspreizer benutzte, um die Rippen beiseite zu schieben, brachen zwei Rippen auf der rechten und eine Rippe auf der linken Seite. Am Ende des zehnstündigen Meisterwerks meines sensationellen Operationsteams wurde der Brustkorb sowohl links als auch rechts mit je zwanzig Klammern zusammengeklammert. Man brachte mich in die Intensivstation, wo sie mich an mehreren Geräten und Monitoren anschlossen und mich rund um die Uhr beobachteten.

24 Stunden später erwachte ich auf der Intensivstation aus dem Koma. Ich öffnete langsam meine Augen, ein grelles, unangenehmes Licht schoss in meine Augen. Mehrere Alarm-Signale ertönten. Benommen und unter dem Einfluss des künstlichen Komas, fühlte ich einen Tubus, der in meinem Mund bzw. Rachenbereich lag und der nun von einem Intensiv-Arzt vorsichtig herausgenommen wurde. Ich kam ganz langsam zu mir, bemerkte überall um mich herum Kabel und etliche Monitore, die gefühlt alle gleichzeitig piepsten. Meinen Freund, den Sauerstoffschlauch hatte ich auch noch um mich. Kurz darauf kam eine Schwesternschülerin, die ihren letzten Tag auf der Intensivstation hatte, an meine Seite um nach mir zu sehen und ich sprach mit einer rauen, leisen Stimme meinen ersten Satz mit meiner neuen Lunge aus:

"Könnte ich bitte´eine Cola bekommen?"
Da war sie: meine zweite Chance.

Hallo, schöne Welt, ich bin noch da, du hast mich noch.
Hallo, meine zweite Chance.

Am zweiten Tag in der Intensivstation besuchte mich mein Cousin Alfonso. Aufgrund eines Schneesturms waren meine

Mama, mein Onkel Salvatore und Ivan, der eigentlich gefahren wäre, erst mal verhindert, mich zu besuchen. Somit wurde mein Cousin beauftragt, nach mir zu sehen, und er war erfreut mich mit einem Lächeln vorzufinden. Er bekam auch mit, wie mich eine Ärztin im Praktikum fragte, ob ich als Prüfungspatient zur Verfügung stehen würde, da sie gern mit Bezug zu „meinem Fall" ihre mündliche Prüfung ablegen würde. Natürlich war ich einverstanden. Sie kam am nächsten Tag nach der Visite, befragte mich über meine Grunderkrankung und über deren Verlauf bis zum heutigen Tag. Sie schaute und tastete noch meinen gesamten Oberkörper ab, samt den Operationsnarben.

Nach etwa einer Stunde waren wir fertig. Sie bedankte sich danach in einem Brief mit diesen Worten:

Lieber Rossi,

ich möchte mich auf diesem Weg herzlich für deine Bereitschaft bedanken, als Patient für meine mündliche ärztliche Prüfung zu fungieren.

Ich bin beeindruckt von deinem Glauben an das Gute und der Akzeptanz gegenüber der Medizin. Es hat mir Freude gemacht, mit dir zu arbeiten. Ich wünsche dir für die Zukunft nur das Beste und weiterhin eine so faszinierende Lebensfreude. Mögest du im nächsten Jahr wieder so viele Reisen unternehmen können. Des Weiteren wünsche ich dir ein segensreiches Weihnachtsfest im Kreis deiner Familie und treuen Freunde. Rutsch gut rüber ins Jahr 2013 - möge es erfüllt sein von Freude, Glück, Gelassenheit, guter Gesundheit, Deinem unerschütterlichen starken Glauben an Dich und einem Lachen an jedem einzelnen Tag. Bleib, wie du bist. Vielen lieben Dank

Carmen H., Studentin.

Nach nur drei Tagen auf der Intensivstation wurde ich in ein Dreibettzimmer auf die „Normalstation" im 5. Stock verlegt. Am selben Morgen kam eine Schwester zu mir ins Zimmer, um mir meinen Sauerstoffschlauch wegzunehmen.
Ich fragte: „Entschuldigung, darf ich fragen, was Sie vorhaben? Ich brauche meinen Sauerstoff."
„Nein, den brauchen Sie nicht mehr, Sie haben eine neue Lunge!" „Nein, ich möchte den noch dranlassen, zumindest bis ich wieder anfange zu gehen." Die Schwester verließ wortlos das Zimmer. In derselben Nacht, während ich schlief, entfernte man mir den Sauerstoffschlauch vom sterilen Wasserbehälter, mit dem er verbunden war. Am nächsten Morgen bei der Visite wurde der Sauerstoffgehalt in meinem Blut mit einem Messgerät am Zeigefinger kontrolliert. Mein Wert war sehr gut: 99 von 100 % Prozent. Topp! Vor der Transplantation war mein Wert immer grenzwertig. Der Messwert lag oft unterhalb von 89/90 bei einem Sollwert von 100 % Prozent im Ruhezustand. Bei körperlichen Tätigkeiten

sank der Wert sofort noch tiefer. Der Stationsarzt fragte mich, wie ich geschlafen hätte, und ich antwortete wahrheitsgemäß: „Den Umständen entsprechend gut."

„Okay, und das ohne zusätzlichen Sauerstoff. Super, oder?" Der Stationsarzt lächelte. Meine beiden Zimmernachbarn, sowohl links und rechts von mir waren ebenso gespannt, was passieren würde. Ich sah den Arzt fragend an, da ich meinen Schlauch doch wohl noch in der Nase hatte. Oder? Ich sah nach oben zum Wasserbehälter, der an der Wand befestigt war und bemerkte, dass der Schlauch tatsächlich nicht mehr daran angebracht war. Die Funktion des Behälters war, den Sauerstoff zu befeuchten. Damit wurde sichergestellt, dass die Nasenwände nicht austrocknen.

In diesem Moment realisierte ich, dass ich meinen verhassten, aber gleichzeitig bis zu diesem Zeitpunkt lebensnotwendigen Freund, den Sauerstoffschlauch nicht mehr brauchte. Ich war ihn wirklich endlich los.

Meine Mama besuchte mich am nächsten Tag. Wie alle anderen Personen, die das Zimmer betraten, musste sie sich komplett in Schutzkleidung hüllen. Dazu gehörte eine Haarhaube, ein Mundschutz, Handschuhe, ein Kittel und ein paar Überzieher für die Schuhe. Trotz dieser Umstände war das Wiedersehen emotional. Unter Tränen drückte mich meine Mama so leidenschaftlich, dass ich fast wieder meinen Sauerstoff benötigte. Ganz viele meiner Freunde kamen und freuten sich. Mein Papa war nicht mehr in der Lage, den langen Weg nach München auf sich zu nehmen, aber wir hörten uns am Telefon und er freute sich riesig. In der Anfangszeit bestellte ich meine Physiotherapeutinnen in die Klinik, da die Kollegen aus München nicht meinem „Standard" entsprachen, oder vielmehr ich der Meinung war, dass es fachlich keiner draufhatte wie meine „eigenen" Therapeutinnen. Ich rief Sandra meine First-Lady, Melanie und Katharina an und sie kamen jeweils einzeln und machten stundenlang mit mir Physiotherapie, so wie ich es gewohnt war. Als der Oberarzt dies erfuhr, kam er erzürnt zu mir und fragte mich, was ich mir erlauben würde, fremdes Personal herzuholen. Ich antwortete: „Herr Doktor, ich bin mit meinen Physiotherapeuten auch privat sehr gut befreundet, sie machen das gern und wenn sie schon mal da sind, genieße ich es, mit ihnen Therapie zu machen und wissen Sie, ich bin Olgäle-Qualität gewohnt."

Kurze Zeit später bekam ich die Aufgabe, die jungen Knochen zu bewegen und den Korridor entlangzulaufen. Als ich das Zimmer verließ, sagte ich noch zu meinen Zimmergenossen: „Bis gleich, lange werde ich nicht durchhalten."

Ich fing an zu gehen. Den Korridor hoch, den Korridor runter. Immer wieder hoch und runter. Und das, ohne eine Pause zu machen. Vierzehn Mal ging ich diesen Korridor entlang. Abrupt blieb ich plötzlich mitten im Flur stehen.

Was passierte hier gerade? Ich ging und ging aber keine Atemnot? Kein Sekret? Kein Herzrasen. Mitten im Korridor begannen meine Tränen zu fließen und mit einem breiten Lächeln und unter Tränen kehrte ich ins Zimmer zurück.

Dort erzählte ich meinen Leidensgenossen voller Stolz von dem tollen Gefühl, viel Luft zum Atmen zur Verfügung zu haben. Sie freuten sich mit mir. Leider verstarb einer von meinen ihnen kurze Zeit später. Mit dem anderen habe ich noch heute regelmäßigen Kontakt. Vier Wochen nach meiner Transplantation war es endlich so weit: Ich durfte die Klinik in München verlassen und die Reha in Tannheim beginnen.

18
Das Konzert

Mit einem Rettungswagen kam ich dort an und wurde, wie immer, mit Pauken und Trompeten empfangen. Es war herzlich, ich wurde wieder im Jugendtrakt untergebracht und man hätte mir auch ein Zimmer ohne Tür geben können. Viele Mitarbeiter des Hauses kamen und gratulierten mir zum erfolgreichen Eingriff. Ich war ehrlich gerührt. Es war geplant, dass ich dort langsam wieder zu Kräften kommen und wieder Muskelmasse aufbauen sollte, die ich durch den Eingriff und das Liegen verloren hatte. Durch die Rippenbrüche war ich nicht in der Lage, Aktivitäten gleich welcher Art auszuüben. Geschwächt und mit starken Schmerzen wurde ich vom Klinikpersonal verwöhnt. Die vier Wochen Reha vergingen im Nu. Doch sowohl der Aufbau von Muskelmasse, als auch jegliche körperliche Verbesserung, ließen auf sich warten. Ich fragte meine Ärztin, Frau Dr. Posselt, ob es möglich wäre, doch noch mal zurück in die Klinik zu kommen. Sie versprach, alles zu versuchen. Natürlich traten Komplikationen auf, die durch die Brüche entstanden waren. Ich war daher gezwungen, im Februar erneut nach München zu fahren, um mich stationär aufnehmen zu lassen. Nach dem Aufenthalt rief mich meine Ärztin aus der Reha Klinik an. Sie hielt ihr Versprechen und teilte mir mit, dass sie mit der Krankenkasse vereinbart habe, ich dürfe im März erneut nach Tannheim fahren. Ich legte noch einen Zwischenstopp in Stuttgart ein, um mich kurz mit den Kochkünsten meiner Mama zu stärken. Nach einer Woche konnte es losgehen. Ich konnte es nicht erwarten, mich endlich auf meine Fitness zu konzentrieren.

Außerdem wollte ich den Kampf gegen die Diabetes, die ich durch die Einnahme einiger neuer Medikamente bekommen hatte, aufnehmen. Und eine Gewichtszunahme erreichen. Ich wog zu diesem Zeitpunkt nur 44 kg. Doch einen Termin außerhalb der Klinik hatte ich während des Reha Aufenthaltes auch noch zu erledigen:

Ich wollte nach Berlin zum Konzert von Paul Kalkbrenner.

Ich wollte dahin, um Anna zu sehen. Ich wusste, sie würde da sein. Immerhin war das die Musik, zu der wir uns das erste Mal nahegekommen waren. Einfach so dahin zu fahren, war nicht erlaubt, deshalb war eine kleine Notlüge erforderlich.

Ich sagte Frau Dr. Posselt, dass ich kurz nach Hause fahren müsse, um etwas sehr Wichtiges für meine Eltern zu erledigen und dafür das Wochenende brauchen würde. Nachdem ich sie von meiner Halbwahrheit überzeugt hatte, packte ich das Nötigste, fuhr nach Stuttgart, machte dort ein paar kleine Besorgungen für meine Mama, um nicht komplett gelogen zu haben, lud dann Noah ins Auto und es ging sofort weiter nach Berlin. Ich war froh, dass Noah und Teddy sich ebenfalls Tickets für das Konzert besorgt hatten, denn es tat mir gut, sie in meiner Nähe zu wissen, sollte ich Anna begegnen. Ich war seit Tagen hin- und hergerissen. Sollte ich ihr schreiben und mitteilen, dass ich dort sein würde, in Berlin auf dem Konzert? Nach langem Überlegen entschied ich mich, sie zu fragen, ob wir uns nicht treffen sollten. Sie antwortete umgehend. Zuerst gratulierte sie mir zur erfolgreichen OP und bedankte sich für meinen Brief und die Kette, ging aber nicht weiter darauf ein. Die Idee mit dem Treffen fand sie gut. Also ging es los nach Berlin. Im Auto trugen Noah und ich einen Mundschutz, da dies in geschlossenen Räumen noch immer notwendig war, um gefährlichen Keimen vorzubeugen. Es sah schon etwas skurril aus: zwei Männer mit Mundschutz im Auto. Wir waren bestimmt ein lustiger Anblick auf der Autobahn. In Berlin angekommen, war die Freude, Teddy und seine kleine Familie zu sehen, riesengroß. Teddy, mein wunderbarer Freund. Dem ich so viel zu verdanken hatte. Wer hätte gedacht, dass ich ihn und die Berliner Freunde wiedersehen würde nach dieser Transplantation?

Nach einem Imbiss machten wir uns frisch, ich teilte Anna mit, dass wir uns auf den Weg zum Veranstaltungsort machen würden und dass ich mich dann später melden würde, um zu klären, wo wir uns nach dem Konzert treffen könnten. Kurze Zeit später antwortete sie, dass sie ebenfalls auf dem Weg sei.
Ich war wahnsinnig aufgeregt. Meine Anspannung war nicht zu übersehen. Es war surreal. Nach so langer Zeit sollte ich sie wiedersehen, nach 351 Tagen in Berlin, auf einem Konzert von „unserem" Künstler.

In der Konzerthalle gingen wir zu unseren Plätzen. Mein Mundschutz zog wieder Blicke auf sich. Gut, er war mit Micky Maus und Donald Duck bedruckt und die meisten Leute hielten ihn für einen Scherz und fanden es skurril oder lustig. Keiner von ihnen konnte wissen, in welche Gefahr ich mich begeben hatte, inmitten einer solchen Menschenmasse und Millionen von Bakterien und Viren. Ich sah mich um, vielleicht würde ich sie irgendwo sehen. Das Licht erlosch, die Spots gingen an und 10.000 Leute begannen zu jubeln. Paul Kalkbrenner betrat die Bühne und startete seine Show. Es gab kein Halten mehr. Ich sprang und tanzte drei Stunden ohne Pause und fand es geil. Die Beats, der Sound, ich tanzte, ich hüpfte, ich fühlte mich frei. Diese Unmengen an Luft, die meine Lunge aufnehmen konnte, es war wie ein Wunder. Dazu kam die elektrisierende Stimmung im Saal. Ich hatte so viel Spaß wie seit Langem nicht. Und nicht nur ich. Auch Noah und Teddy waren nicht zu bremsen. Wir tanzten, sangen und feierten zusammen das Leben.

Nach dem Konzert schrieb ich Anna, ich würde im Block A auf sie warten. Das fand ich besser als am Ausgang, wo jetzt viel zu viel los sein würde. Sie las die Nachricht, aber es kam keine Antwort. Kein Kommentar, keine Reaktion, nichts.

Ich wartete trotzdem. Zehn Minuten, dreißig Minuten, eine Stunde. Nach fast zwei Stunden nahm Teddy mich in den Arm und sagte leise: „Ich glaube, sie kommt nicht mehr."

Wir gingen zum Ausgang. Ich sah mich überall um, links rechts, aber sie war nicht da. Ich schrieb ihr erneut und fragte, ob alles in Ordnung sei, doch ihr Telefon war offenbar ausgeschaltet. Ich war enttäuscht von mir selbst. So sehr, dass ich es nicht verbergen konnte. Noah und Teddy taten ihr Möglichstes, um mich abzulenken. Wir fuhren noch zu Fidel, einem meiner zahlreichen Berliner Freunde, der eine kleine Party gab und sich so freute, mich wiederzusehen mit der neuen Lunge. Alle tanzten und quatschten die halbe Nacht, doch meine Laune blieb im Keller.

Auf dem Weg in Richtung Süden bekam ich eine Nachricht von Anna: „Du, wir sind gleich nach Hause gefahren und ich hatte keine Zeit mehr, dich zu treffen. Wir sehen uns bestimmt irgendwann mal, genieß deine neue Lunge." Verwundert, irritiert und mit vielen Fragezeichen im Herzen fuhr ich zurück nach Tannheim in die Reha-Klinik, ohne ihr zu antworten. Ich war gerade auf dem Weg zurück in mein Zimmer, als Schwester Carmen mir im Korridor begegnete und mir sofort ansah, dass nichts in Ordnung war. Da wir ein gutes Verhältnis hatten, beichtete ich ihr, dass ich nicht nur nach Stuttgart, sondern auch noch nach Berlin gefahren war, in der großen Hoffnung, jemanden zu treffen. Sie nahm mich in die Arme und sagte: „Anna etwa? Rossi, du sollst doch nach so einem Eingriff nur mit deinem Lächeln durch die Welt gehen. Das Konzert hat doch hoffentlich Spaß gemacht, dann kann es nicht geschadet haben. Und wenn Anna es nicht schätzt, dass du extra dahin fährst um sie zu sehen, dann ist das sehr schade und du solltest vielleicht erst darüber nachdenken, wenn du dich vollständig erholt hast von all den körperlichen Strapazen." Ich nickte, bedankte mich für ihre Worte und sie ging aus meinem Zimmer. Wütend, frustriert und enttäuscht saß ich auf meiner Bettkante. Ich konnte nicht mehr klar denken.

Sollte ich einfach ihre Nummer aus meinem Handy und somit aus meinem Leben löschen? Lange stellte ich mir diese Frage. Schließlich löschte ich tatsächlich ihre Nummer und brach den Kontakt ab. Meine Seele sollte eine Pause von ihr bekommen. Es fiel mir schwer, mich über die restliche Zeit in der Reha zu motivieren. In meinem Kopf kreisten die Gedanken nur um Anna, von morgens bis abends. Anna. Überall im Haus steckten Erinnerungen an unsere gemeinsame Zeit.
Ostern fiel in den Reha-Aufenthalt und am Vorabend des Karfreitags saß ich, zusammen mit anderen Reha-Teilnehmern, im Gruppenraum. Wir überlegten, was wir über die Feiertage tun sollten, da keine Therapie angesetzt war. Sollten wir für unseren Abschlussabend trainieren? Diesmal war das Musical „High School High" ausgewählt worden. Plötzlich kam uns in den Sinn, am Morgen mit dem Auto nach Paris zu fahren und dort den Tag zu verbringen. Dies setzten wir um. Drei Reha- Teilnehmer trauten sich mit mir, diesen Trip durchzuziehen.
In Paris angekommen, ließen wir das Auto in einem Vorort stehen und nahmen die Metro. Damit fuhren wir zu den von

uns ausgewählten Sehenswürdigkeiten. Wir bestaunten den Eiffelturm, Notre-Dame, den Triumphbogen, die Avenue des Champs-Èlysèes. Aber ganz besonders ist uns Sacré-Coeur in Erinnerung geblieben: Wir kamen von der hinteren Seite und waren ahnungslos, dass es auf der vorderen Seite einen Lift gab. Also stiegen wir 300 Treppenstufen nach oben zur Kirche. Für mich war es ein Segen. Ich konnte wieder Treppen steigen, ohne Atemnot. Gut, meine Oberschenkel taten weh, aber es war ein ehrlicher, wohltuender Schmerz. Der Anblick der Kirche, der Blick auf die Stadt der Liebe. Paris.

Zum Schluss saßen wir gemütlich in einem kleinen, feinen Restaurant und trotz Sprachschwierigkeiten bekamen wir unser Essen. Wir fuhren nach einem unvergesslichen Tag in Paris zurück in die Reha-Klinik.

Eigentlich hatten wir mit der Nachtschwester Alex vereinbart, um 22:00 Uhr zurück zu sein. Wir kamen heil und gesund um 03.00 Uhr morgens an. Mit einem zerknirschten Blick öffnete uns Schwester Alex trotzdem und erleichtert die Eingangstür. Die restliche Zeit, die mir noch in der Reha blieb, versuchte ich, nicht an Anna zu denken. Stattdessen wollte ich mich mit schönen Erinnerungen an wunderbare Momente, wie der Fahrt nach Paris, motivieren.

Es klappte immerhin einigermaßen: Mein Körper machte rasch Fortschritte und endlich nahm ich auch an Gewicht zu, sodass ich einige Wochen später gestärkt und ausgeruht zurück nach Hause fahren durfte.

19

Meine zweite Chance

Meine zweite Chance. Mein Leben begann erneut. Mit meiner
zweiten Lunge. Es war noch immer alles so surreal. Zurück in
Stuttgart musste ich zuerst einen regelrechten
Begrüßungsmarathon absolvieren. Es war so schön, diese
Anteilnahme zu erfahren und zu sehen, wie sehr sich alle
freuten, mich lebend in die Arme schließen zu können. Auch
wollte ich sofort in meine eigene Wohnung einziehen. Schon

vor Jahren hatte ich mir trotz aller Widerstände meiner Eltern Eigentumswohnungen angesehen, denn es war mein größter Wunsch, irgendwann allein zu wohnen. Uns war bewusst, dass es aufgrund meines Gesundheitszustandes schwierig werden würde, mir diesen Wunsch je zu erfüllen, und meine Eltern hielten auch nichts von dieser Idee. Trotzdem wollten sie mir die Hoffnung auf ein selbstbestimmtes Leben nicht nehmen. Sie liebten mich so sehr, dass sie, entgegen ihrer eigenen Überzeugung, einen Kredit aufnahmen, um mir den sehnsüchtigen Wunsch einer eigenen Wohnung erfüllen. Plötzlich war es soweit. Jetzt würde ich, dank meiner neuen Lunge, frei und selbstbestimmt leben können. Ich war eine ganze Weile damit beschäftigt, Möbelhäuser abzuklappern, ins Fitnesstudio zu gehen und mit Freunden wie Ali und Marion in ihrer Mittagspause Kaffee trinken zu gehen. So banal es auch klingen mag, einen Haushalt zu führen und selbst in Lebensmittelgeschäften einzukaufen, eine neue Routine in meinen Alltag zu bringen, war eine echte Herausforderung. Dies beinhaltete zum Beispiel den wöchentlichen Gang zur ambulanten Pneumologie. Jeden Dienstag um 7:30 Uhr morgens hörte ich: „Rossi, jetzt brav in das Lungenfunktionsgerät pusten." Damit wurde das aktuelle Lungenvolumen ermittelt und ich konnten sehen, ob sich der Wert gegenüber der vorherigen Woche verbessert oder verschlechtert hatte. Danach wurde ich gewogen, mein Blutdruck gemessen und mir wurde Blut abgenommen, um den Immunsuppressiva-Wert zu ermitteln. Wenn Fremdkörper wie Bakterien, Viren oder Pilze in meinen Körper eindrangen - und das passierte ständig - fuhr mein Immunsystem eine ganze Armee von Abwehrmechanismen auf, um diese zu vernichten. Es produziert spezielle Immunzellen und Antikörper, um die Fremdkörper auszuschalten. Nach Organtransplantationen ist eine lebenslange Immunsuppressiva-Therapie nötig, um das transplantierte Organ zu erhalten. Die Gefahr einer Abstoßungsreaktion besteht immer, doch im ersten Jahr nach der Transplantation ist die Gefahr am größten. Eine Vorsichtsmaßnahme war unter anderem, einen Mundschutz zu tragen. Ein ganzes Jahr lang trug ich ihn. Sei es bei Kontakt mit Personen oder in öffentlichen Räumen. Beim Hineingehen in eine Postfiliale, um ein Paket zu versenden, zog ich am Eingang meinen Mundschutz an. Um cool auszusehen, zog ich noch meine Kapuze über den Kopf. Einmal reihte ich mich in die Warteschlange einer Postfiliale ein. Plötzlich versuchte sich eine Kundin aggressiv und sehr unfreundlich vor mich zu drängen. Im selben Moment erkannte sie, dass ich einen Mundschutz trug und machte einen Riesensprung zur Seite. Ich wusste zuerst gar nicht, weshalb sie sich so erschreckt hatte. Schmunzelnd und beruhigend teilte ich ihr mit, dass es nur eine Schutzmaßnahme sei, wegen der Transplantation, die ich hinter mir hatte. Eine Person mit Mundschutz signalisiert in unserer Gesellschaft etwas Negatives. Der muss krank sein, sogar ansteckend. Es gilt, Abstand zu halten. Ich schämte mich nicht, damit herumzulaufen, sondern entdeckte, wie selbstbewusst ich doch geworden war. Rückblickend verglichen mit der Zeit, die ich mit meinem Freund, dem Sauerstoffgerät verbrachte, war es trotzdem nur eine Kleinigkeit.

In den ersten Wochen und Monaten war es wichtig, in sehr kurzen Abständen meine Lunge zu kontrollieren. Alle drei Wochen fuhr ich für zwei bis drei Tage nach München in das Transplantationszentrum, um mich dort einer Bronchoskopie zu unterziehen. Diese war notwendig, um frühzeitig Erkrankungen in meiner Lunge zu erkennen. Bei einigen Patienten wurden so Krebsgeschwüre entdeckt. In meinem Fall waren Gewebewucherungen das Problem. Sie verursachten eine Verengung der Luftröhre. Um das Problem genau zu erkennen und zu lösen, bekam ich eine Vollnarkose. Der behandelnde Arzt versuchte den Stab, der mit einer dünnen, flexiblen mikroskopischen Kamera ausgestattet war, vorsichtig durch die Luftröhre bis in die Lunge zu schieben. Damit lassen sich scharfe Bilder erzeugen, die direkt am OP-Monitor angezeigt werden können. Zum Einsatz kam zudem oft ein Laser, der das angewachsene Gewebe entfernte.

Nebenwirkungen meiner Transplantation waren außerdem Diabetes und massive Schlafstörungen. Ich musste eine strenge Lebensmitteldiät einhalten und es wurden mir neue Medikamente verordnet, die ich zusätzlich zu den bisherigen einnehmen musste. Insgesamt kam ich nun auf zwölf Tabletten pro Tag, noch verhältnismäßig wenig für die neue

Situation. Ich hatte von anderen Patienten gehört, dass sie gut vierzig bis fünfzig Tabletten täglich zu sich nahmen. Ganz besonders wichtig waren die Immunsuppressiva-Kapseln, die pünktlich zu einer bestimmten Uhrzeit eingenommen werden mussten. Sie verhindern, dass mein Körper das neue Organ, die Lunge, abstößt.

Trotzdem musste ich weiterhin zwei Mal täglich mit dem altbewährten Antibiotikum inhalieren. Immer deutlicher wurde mir bewusst, welch großes Geschenk ich bekommen hatte. Nichts war mehr unmöglich. Es gab keinen Wochentag, kein Wochenende, keinen Sommer, nicht einen Winter, in dem ich nicht ständig unterwegs war.

Ob Partys, Geburtstage, Hochzeiten, Taufen, Urlaube und natürlich Konzerte - ich war dabei. Jetzt genoss ich mein Leben anders. In der Anfangszeit nach meiner Transplantation war ich auf drei Ereignisse besonders stolz und wahnsinnig gerührt: Ich durfte Patenonkel von Liam werden, dem Sohn von Thomas und Mehtap. Zwei Jahre später noch mal der Patenonkel von Oskar, dem Sohn von Ani und Alex, die ich im Jahre 1997 im Olgahospital kennengelernt hatte und die dort als Kinderkrankenschwester und Zivildienstleistender tätig waren. Seit dieser Zeit bin ich eng mit ihnen befreundet.

Ich hatte mir gewünscht, dass ich dieses ehrenvolle Amt einmal würde ausüben dürfen und jetzt war es möglich und das gleich zweifach. Gefragt wurde ich zum ersten Mal kurz vor der Transplantation von Liams Eltern. Ich war doch körperlich nicht in der Lage, eine solche Aufgabe zu erfüllen und auch mental fühlte ich mich dem nicht gewachsen. Ich sagte erst mal ab, aber war dann froh, als sie mich erneut fragten. Sofort sagte ich zu und war wahnsinnig glücklich, als der Tag gekommen war, an dem ich den kleinen Mann bei einer dreistündigen orthodoxen Zeremonie in meinen Armen halten und ins Leben begleiten durfte. Ich trug ein traditionelles weißes Gewand. Die Zeremonie wurde mit mir fremden Gesängen und Trommelschlägen begleitet. Vor dem Altar stand ein Priester mit rotem Gewand und hielt den Gottesdienst in Alt-Äthiopisch.

Es war eine angenehm monotone Melodie, die einen beinahe in Trance versetzte. Liam wurde dreimal schwungvoll ins Taufwasser getunkt und ich nahm ihn wieder auf den Arm. Mit einem Taufgedicht und einem Geschenk von mir endete diese wunderbare Feier, die ich ganz sicher nie vergessen und immer im Herzen tragen werde. Genauso wunderschön war die Taufe von „meinem" Oskar. Klassisch katholisch. Auch hier hielt ich eine Rede und versprach, dass ich nicht nur auf dem Papier sein Patenonkel sein würde.

20
218 Gäste

An meinem neununddreißigsten Geburtstag geisterte ein Gedanke durch meinen Kopf. Am nächsten Tag versuchte ich, mir die Idee realistisch vorzustellen. Ich saß an meinem Schreibtisch und schrieb Dutzende Namen von Personen, die mir wichtig erschienen, auf. Menschen, die mir in meinem Leben Gutes getan hatten. Am Ende standen auf diesem Blatt Papier zweihundertfünfzig Personen.

Mein Plan war, meine letzte Party, die ich veranstalten wollte, mit meinem vierzigsten Geburtstag zu verknüpfen.

Zweihundertfünfzig Freunde und Verwandte sollten an diesem Abend anwesend sein. So einfach die Idee in meinem Kopf klang, so kompliziert sollte sich die Sache gestalten. Allein die Suche nach einer passenden Location dauerte mehrere Wochen. Mein Traum war es, auf dem Wahrzeichen von Stuttgart zu feiern, dem Fernsehturm. Er hatte ein Restaurant in luftiger Höhe zu bieten. Doch während meiner Planung wurde er wegen Erneuerung der Brandschutzmaßnahmen geschlossen. OK, die Suche ging also von vorn los. Wieder einige Wochen später sprach ich meinen Onkel Salvatore, den Bruder meiner Mama an, ob er nicht anfragen könnte, ob ich den Gemeindesaal unserer italienischen Gemeinde bekäme. Da er und meine Tante dort sehr aktiv tätig waren bekam ich, für eine kleine Spende in die Gemeindekasse, die Zusage. Ich überlegte mir, dass die Räumlichkeiten für die Party, die in solch großem Ausmaß stattfinden sollte, professionell von einem Dekorationsunternehmen gestaltet werden sollte. Durch meine Physiotherapeutin erhielt ich die Adresse eines solchen und traf mich umgehend mit einer seiner Mitarbeiterinnen. Nach einigen gemeinsamen Überlegungen und mehreren E-Mail- Korrespondenzen hatten wir endlich das Richtige gefunden:

Am Eingang sollte eine überdimensionale lilafarbene Vierzig stehen. Die Fenster sollten mit schwarzen Stofftüchern verhängt und mit einem rot-weißen Strahler angeleuchtet werden. In den Vereinsfarben des VfB Stuttgart. Auf allen Tischen sollte ein Blumenbouquet und eine Happy-Birthday-Karte stehen. Eine weiße Bar sollte mitten im Raum platziert werden. Als Nächstes klapperte ich sämtliche Cateringunternehmen in der Gegend ab und holte für die Vorspeisen und den Hauptgang jeweils Kostenvoranschläge ein. Zu berücksichtigen waren bei zweihundertfünfzig Portionen die verschiedenen Allergien und

Nahrungsmittelunverträglichkeiten: lactosefrei, glutenarm, vegetarisch, vegan und für meine muslimischen Freunde eine Alternative zum Schweinefleisch.

Mit dem Getränkehändler meines Vertrauens vereinbarte ich ein Kommissionsgeschäft. Unmengen an alkoholischen Getränken sowie Cola und Wasser musste ich beschaffen. Nun fehlte noch das kulinarische Highlight. Bei einer italienischen Pasticceria bestellte ich eine Torte, die für 250 Personen gereicht hätte. Eine Lichtanlage mit diversen Strahlern für den DJ war ebenso zu organisieren.

Die Gestaltung meiner Einladung war der letzte Punkt. Ich wollte nicht, wie üblich, schriftliche Einladungen verschicken. Die Idee sollte sein, online auf einer eigens hierfür angelegten Website einsehbar zu sein. Zusammen mit Katia und unserer gemeinsamen Freundin Melli nahm ich einen dreißig Sekunden langen Videoclip auf. In diesem sah man mich in einem Anzug auf einem Liegestuhl sitzend. Die beiden Frauen waren jeweils in einem sehr eleganten Dress zu sehen. Es wurde eine Choreografie aufgeführt, die wir zuvor einstudiert hatten. Im Hintergrund lief „mein" Lied: Happy von Pharrell Williams. Ein Lied, das sehr gut zu mir als Person passt. Ende August war alles Notwendige erledigt. Die Einladungen konnten jetzt an ihre Empfänger in Stuttgart und ganz Deutschland verschickt werden.

Ebenso gingen einige Einladungen in die Schweiz, nach Belgien, Amerika und nach Italien.

Für meine Gäste aus dem Ausland und einige Personen aus dem Inland, die eine weite Anreise hatten, bezahlte ich einen Hotelaufenthalt. Anna bekam ebenfalls eine Einladung. In den Wochen nach dem Versenden der Einladung erreichte mich eine Flut an Zusagen. Es war so schön mitzuerleben, wie sich alle auf das Event freuten. An einem Tag im November teilte mir meine Tante mit, der Saal sei kurzfristig für eine Gemeindewahl gesperrt worden. Was? Wie bitte? Das konnte nur ein schlechter Scherz sein. Woher sollte ich so schnell eine neue Location bekommen, zumal das Wochenende meiner Feier auf den ersten Advent fiel und somit natürlich auch sämtliche Weihnachtsfeiern an diesem Wochenende stattfinden würden.

Der Countdown, um eine geeignete Lösung zu finden, startete. In ganz Stuttgart war nichts mehr frei. Es blieb mir nichts anderes übrig, als alles abzusagen.

Zweihundertdreißig Gäste hatten bis dahin zugesagt. Enttäuscht erzählte ich es Nahom. „Hey, ich habe vielleicht die Lösung. Ich frag mal bei mir auf der Arbeit nach." Er arbeitete bei einer Immobilien-Gesellschaft in Stuttgart. „Wir haben ein leerstehendes Objekt, der Vermieter ist letzte Woche raus. Sechshundert Quadratmeter stehen leer. Die Mietkosten betragen aber zehntausend Euro." Da ich bisher bereits eine stolze Summe in Höhe von sechzehntausend Euro ausgegeben hatte, war es mir nicht mehr möglich, für die Mietkosten aufzukommen. Am 25.11.2014 (und somit fünf Tage vor meinem Geburtstag), teilte Nahom mir mit, ich

bekäme den Saal kostenlos - es sei sein
Geburtstagsgeschenk. Das war in diesem Moment mit
Abstand das schönste Geschenk, das er mir machen konnte.
Ich war ihm so unendlich dankbar. Als Dank versprach ich
Nahom, dass er mein Gästezimmer zum Schlafen benutzen
durfte so oft er wolle. Der Druck, der die letzten Wochen auf
mir lastete, fiel von mir ab.
Überglücklich setzte ich zum Endspurt an. Alle wurden
informiert und erhielten die neue Adresse. Alles konnte wie
geplant aufgebaut und dekoriert werden.

Am 29.11.2014 wurden meine Gäste, die allesamt auf einer
Liste eingetragen waren, von einem Türsteher empfangen.
Sie erhielten goldene Bändchen mit dem Aufdruck „VIP-Gast".
Christine, eine befreundete Fotografin, machte ein
Erinnerungsfoto und der Abend konnte beginnen. Mit
zweihundertachtzehn Freunden unterschiedlicher Nationalität
und unterschiedlicher Hautfarbe, die aus allen
Himmelsrichtungen kamen, wurde gefeiert.
 Es war ein unvergesslicher Abend. Sie feierten mich und wir
feierten uns alle zusammen. In meiner Dankesrede bedankte
ich mich und erwähnte, dass sie jeder, der hier Anwesenden
ein Ehrengast sei. Denn ohne die Unterstützung jedes
Einzelnen wäre ich nicht hier. Ob es Angestellte aus Kliniken
waren, wie Ärzte, Physiotherapeuten, Krankenschwestern,
Krankenpfleger, Reinigungskräfte, Zivildienstleistende oder
Personen, die mit mir im privaten Bereich zu tun hatten - wie

mein fantastischer Freundeskreis. Natürlich auch nicht zu vergessen meine Verwandtschaft und Familie. Um Mitternacht gratulierten mir 218 Gäste, jeder Einzelne persönlich. Es bildete sich eine Schlange, die unbeschreiblich lang war. Um 07:00 Uhr morgens verabschiedete sich der letzte Gast und ich fuhr mit dem Taxi nach Hause. Im folgenden Jahr erfüllte ich mir selbst einen weiteren großen Wunsch: Ich reiste mit Nobi, einem sehr guten Freund, den ich in der Café-Bar durch Hossy kennengelernt hatte, und mit dem ich immer öfter Zeit verbrachte, nach New York. Wir trafen uns dort mit einer ehemaligen Physiotherapeutin vom Olgäle, die dort gearbeitet hatte und mit ihrer Familie nach New York gezogen war. Dani hatte mich schon lange zuvor dazu eingeladen, sie bei Gelegenheit zu besuchen. Wir blieben zehn Tage. New York, die Stadt, die niemals schlief - irgendwie passte sie zu mir. Wir sahen uns alles an. Die klassischen Sehenswürdigkeiten und alles „Skurrile", was New York zu bieten hatte. Ich kann mich noch sehr gut daran erinnern, dass wir den Central Park durchquerten und hierfür einige Stunden brauchten. Ich ging Stunde um Stunde, Meter um Meter und ich benötigte keine Pause mehr. Der kleine Italo-Schwabe spazierte stundenlang durch den Central Park.

Einfach so, weil er Lust hatte. Weil er endlich Luft hatte.

Dank solch großartiger Erlebnisse, aber auch dank kleiner, alltäglicher Ereignisse ordnete sich der Sinn des Lebens für mich neu. Anna war immer in meinem Herzen. Aber es musste ohne sie weitergehen. Natürlich versuchte ich, mich neu zu orientieren, und traf mich mit anderen Frauen, doch keine war wie sie. Keine schaffte es, mein Herz zu erobern und Anna ihren Platz in Selbigem streitig zu machen. Vor allem nicht dank einer der vielen Facebook-Benachrichtigungen, die ich immer bekam. Beinahe schon automatisch klickte ich auf ihr Profil und fiel aus allen Wolken. Auf dem aktuellen Foto, das sie hochgeladen hatte, trug sie meine Kette. In dieser Sekunde traten all die Fragen und Hoffnungen, die ich tief in mir vergraben hatte, wieder an die Oberfläche. Doch ich kam nicht dazu, mich lange damit zu beschäftigen, denn eines der schlimmsten Ereignisse meines Lebens kam mir dazwischen und stellte mich und meinen Kampfgeist erneut auf die Probe.

21

Mein Papa

An einem Freitag im Januar fuhr ich morgens von meiner Wohnung zu meinem Papa, um ihn zu einem Zahnarzttermin zu begleiten. Er wartete bereits am Straßenrand, zusammen mit meiner Mama, die ihn stützen musste, da er an einer Kniearthrose litt. Ich stieg aus dem Wagen und übernahm. Ich begleitete ihn bis zum Auto, schnallte ihn an und wir fuhren los. Beim Zahnarzt hatten wir keine Wartezeit, sodass wir nach einer guten Stunde bereits wieder gehen konnten. Wir vereinbarten einen Nachbehandlungstermin, verließen die Praxis und fuhren mit dem Aufzug ins Erdgeschoss. Von dort aus waren es nur noch ein paar Schritte zu Fuß, da wir glücklicherweise einen Parkplatz direkt vor der Praxis bekommen hatten. Die Parkplatzsituation zu Hause dagegen war nicht so erfreulich, weshalb ich meinen Papa mit den folgenden Worten vor dem Haus aussteigen ließ: „Papa, warte bitte, bis ich da bin." „Ich klingle mal, dann kann die Mama schon mal herunterkommen", antwortete er.

„Okay. "sagte ich, stieg zurück in meinen Wagen und parkte um die Ecke. Ich beeilte mich nicht, nach Hause zu kommen, denn ich wusste ja, meine Mama wäre bei ihm.

Ich hatte nur noch ein paar Meter bis zur Eingangstür meiner Eltern, als ein Nachbar panisch auf mich zu rannte.

„Schnell, schnell komm! Dein Papa!"

Mein schwarzer Rucksack fiel zu Boden und ich rannte los. Bereits an der Eingangstür hörte ich die verzweifelten Schreie meiner Mama. Ich lief die acht Vorstufen hoch, die zum Erdgeschoss führten. Da lag er. Auf dem Boden, auf dem Rücken. Blut floss aus seinem Kopf. Er bewegte sich nicht, er lag einfach nur da. Später erfuhr ich, dass er bereits auf den ersten Stufen am Arm meiner Mama stürzte und mit dem Kopf auf den Boden knallte. Ohne nachzudenken begann ich ihn zu reanimieren.

So gut ich konnte, machte ich eine Herzdruckmassage. Ich legte meine Hände etwas unterhalb des Herzens auf seinen Brustkorb und fing an zu pumpen. Ich pumpte und zählte und bat ihn dabei immer wieder: „Wach auf Papa, Bitte wach auf Papa!", während meine Mama im Hintergrund weiter verzweifelt schrie und ihr Gesicht in ihren Händen verbarg.

Ich reanimierte weiter, während die Nachbarn bereits den Rettungsdienst riefen. Der Körper meines Papas wurde immer kälter, doch ich konnte nicht gleichzeitig reanimieren und die Blutung an seinem Kopf stillen.

"Mama hol eine Decke, schnell!" Einen Augenblick später warf mir meine Mama eine Decke zu. Mit der ich meinem Papa wenigstens die Beine wärmen konnte. Als ich den Rettungswagen kommen hörte, bettete ich seinen Kopf in meinen Schoß und streichelte ihn, während die Sanitäter ihre Geräte aufbauten. Als sie mit der professionellen Reanimation begannen, wurde ich weggeschickt. Ich lief die paar Stufen nach oben zu meiner Mama und bat sie, in der Wohnung zu warten. Ich wollte nicht, dass sie das mit ansah. Sie schnitten sein Hemd auf, begannen ebenfalls mit einer Herzdruckmassage und legten ihm einen Zugang in die Vene und ein Sauerstoffkabel um die Nase. Dann holten sie den Defibrillator.

„Laden auf zweihundert und alle weg!"
„Noch mal zweihundertfünfzig und alle weg!"
Wieder die Herzdruckmassage und wieder der Defibrillator:
„Laden auf dreihundert und weg!"

Die Rettungsassistenten und ich sahen gebannt auf den Monitor und ich betete innerlich: Bitte, bitte komm zurück, Papa. Es war eine gespenstische Ruhe im Haus und die Anspannung war nicht mehr zu ertragen. Zuerst blieb die Herzlinie auf dem Monitor still und gerade. Keine Bewegung. Nichts. Dann endlich bewegte sich etwas und Papas Herz schlug wieder. Gott sei Dank! „Mama, das Herz schlägt. Es schlägt!", rief ich nach oben in der Hoffnung, sie würde es durch die angelehnte Wohnungstür hören. Mein Papa wurde vorsichtig auf eine Trage gelegt und in den Rettungswagen getragen. Sie brachten ihn sofort in die Klinik, auf die Intensivstation.
Wir hofften und beteten fünf Tage lang.

Am ersten Tag saß ich an seinem Bett und hielt nur seine Hand.

Am zweiten Tag spielte ich ihm seine Lieblingsmusik vor. Immer wieder.

Am dritten Tag las ich ihm die Nachrichten vor, denn er war immer so interessiert an dem, was in der Welt geschah.

Am vierten Tag erzählte ich ihm von all meinen Freunden, die nach ihm gefragt und Genesungswünsche geschickt hatten.

Und dann kam der fünfte Tag.

Wir, meine Mama, meine beiden Schwestern und ich waren alle bei ihm und hielten seine Hände. Er ging um 14:05 Uhr von uns.

Von mir.

Ich nahm mir eine Auszeit, zog vorübergehend zurück zu meiner Mama und war für einige Wochen für niemanden zu erreichen. Ich sagte alle Termine ab, selbst meine so wichtigen Physiotherapiestunden. Ich wollte niemanden sehen, wollte für meine Mama da sein und meine Trauer verarbeiten. Es zog mich erst Ende Februar wieder in meine Wohnung zurück. Als Noah Anfang März seinen runden Geburtstag feierte und mir eindringlich erklärte, dass er sich so sehr freuen würde, wenn ich käme, beschloss ich, wieder auszugehen. Es fiel mir schwer, aber mein Papa hätte gewollt, dass ich gehe. Er wusste, wie wichtig meine Freunde für mich sind und indirekt auch für meine Eltern. Sie hatten meine

Freunde zu ihrer Goldenen Hochzeit eingeladen und als sie während der Feier gefragt wurden, wer all diese jungen Leute seien, antworteten sie: „Die gehören zur Familie. Das sind die tollsten Menschen, die unser Sohn hätte treffen können. Sie sind Gold wert. Wie diese Goldene Hochzeit."

Eintausend Tage waren inzwischen vergangen, seit ich transplantiert wurde.
Davon 999 Tage, die so waren, wie ich es mir immer gewünscht hatte.
999 Tage, an denen ich weiterhin mit den Menschen, die mir wichtig waren, ob von nah oder fern, zusammen sein konnte.
999 Tage, an denen alle alles taten, damit ich weiterhin fit und gesund blieb.
999 Tage, an denen ich meine Leidenschaften wie Reisen, Partys, Konzerte, Fitness und vieles mehr ausleben konnte und an denen ich weiterhin meine geliebte Cola trank.
999 Tage, an denen ich so viele schöne Babys, Kids und meine beiden Patenkinder aufwachsen sehen konnte.
999 Tage, an denen mich der Alltag im Griff hatte und ich vergaß, dass ich transplantiert war.
999 Tage, von denen ich nicht mehr alles weiß.
Doch dieser eine Tag, dieser eine Tag, an dem ich meinen Papa verlor, wird für immer der schlimmste Tag meines Lebens sein.

22

Peace & Peace

Es war trotzdem schön, nach dieser traurigen Zeit wieder einmal meine Freunde zu besuchen. Nach Noahs Geburtstag war der nächste Anlass das Festival Peace & Peace in Berlin, bei dem Teddy Mitveranstalter war und dessen Erlös Geflüchteten Zugute kam. Das Festival fand auf der Waldbühne statt, wo zahlreiche namhafte deutsche Künstler auftraten. Teddy machte mir ein unvergessliches Geschenk in Form eines Backstage-Passes, der mich berechtigte, mich hinter der Bühne bei all den Musikern aufzuhalten. Ich lernte tolle Menschen kennen: unter anderem Christian, einen Fotografen und Mitarbeiter des Festivals. Wir waren die ganze Zeit zusammen, da Teddy von Interview zu Interview gerufen wurde. Christian nahm mich mit zu den Künstlern, wenn er sie fotografierte. Bei einigen von ihnen war ich bereits auf Konzerten gewesen und plötzlich stand ich neben ihnen. Ich war wahnsinnig aufgeregt.

In einer Umbaupause durfte ich kurz direkt auf die Bühne. Ich blickte auf das ausverkaufte Gelände, sah diese Massen von Leuten und bekam Gänsehaut, weil ich in diesem Moment spürte, was ein Künstler fühlen muss, der dort oben steht. Die nächste Band nach dem Umbau war eine deutsche Rockband. Ich stand keine fünf Meter von ihnen entfernt und als der Sänger das Publikum animierte, auf der Stelle zu hüpfen, hatte ich das Gefühl, mit auf der Bühne zu stehen. Als wäre es mein Konzert. Es war fantastisch.

Glücklich und euphorisch gingen wir danach zur After-Show-Party und feierten den Erfolg des Events. Im Jahr 2018 bekamen Teddy und sein Geschäftspartner Fetsum dafür eine Auszeichnung, den" Echo" im Bereich „Soziale Leistungen".

Und wie immer, wenn ich von Berlin zurückfuhr, kreisten meine Gedanken trotzdem automatisch um Anna.

Wieder war ich unschlüssig, ob ich ihr schreiben sollte. 1568 Tage waren vergangen, seit wir uns das letzte Mal gesehen hatten. Ich stellte mir immer wieder die gleiche Frage: Sollte ich ihr schreiben und sie um ein Treffen bitten? Mein Stolz verbot es mir, doch ich tat es wieder. Und wie so oft blieb sie mir die Antwort schuldig.

Es war Anfang Oktober in Stuttgart, als mir in den Sinn kam, ich könnte mir ein neues Tattoo stechen lassen. Wieso ich diesen Gedanken genau jetzt hatte, konnte ich nicht sagen, doch seit der gemeinsamen Zeit mit Anna in Tannheim wünschte ich mir ein Tattoo, das irgendetwas mit ihr zu tun haben sollte. Also entschied ich, zum Tattoo-Studio meines Vertrauens zu fahren, um einen Termin zu vereinbaren. Als ich ins Auto stieg und das Radio einschaltete, schallte ein Track von Paul Kalkbrenner aus den Boxen. Ich bekam Gänsehaut, denn es fühlte sich an wie ein Zeichen. Instinktiv sah ich nach, wann es wieder ein Konzert von ihm in Stuttgart geben würde. Leider war keines vorgesehen. Dafür aber für Zürich, zwei Tage später. Ich entschied am 17.10.2017, an einem Freitag, spontan Richtung Zürich aufzubrechen, ohne ein Ticket zu besitzen. Ich rief sofort meine ehemalige Physiotherapeutin Anja an und sagte ihr, dass ich auf dem Weg nach Zürich wäre. Sie war erfreut mich zu hören, gleichzeitig aber enttäuscht vom Timing. Sie teilte mir mit, sie und ihre Familie seien dieses Wochenende nicht zu Hause. Damit fiel meine Möglichkeit, bei ihnen zu übernachten, weg. Wichtig war aber erst mal nur, ein Konzertticket an der Abendkasse zu ergattern. Als ich gegen 21:00 Uhr dort ankam, war das Konzert bereits ausverkauft. Was sollte ich tun? Wieder nach Hause fahren? Vor der Halle warten, ob jemand sein Ticket verkaufte? Ich entschied mich für Letzteres. Nach etwa dreißig Minuten, ich war schon leicht frustriert, sprach mich ein Herr an: „Brauchen Sie eine Karte?" „Ja, haben sie etwa eine? Was soll sie denn kosten?" Ich hoffte, er würde keinen komplett utopischen Preis verlangen. „Sechzig Euro. Das sind zehn Euro mehr als der Normalpreis." Ich überlegte keine Sekunde und kaufte ihm das Ticket ab. Kurz darauf tanzte ich mit Tausenden von Elektrofans zum Beat, der mich bis 04:00 Uhr morgens komplett vereinnahmte. Ich fuhr noch in derselben Nacht zurück und stellte mir auf der Fahrt ununterbrochen die Frage, ob diese merkwürdige Aneinanderreihung von Zufällen etwas mit Anna zu tun haben könnte. Doch mir war klar: Eine Antwort auf meine Frage würde ich nicht bekommen.

23

Das Seminar

Es vergingen zwei Wochen, bis ich an einem sonnigen Freitagnachmittag Ende Oktober meine Sonnenbrille wieder aus der Schublade nahm, in die ich sie bereits zum Überwintern gelegt hatte und mich freute, sie später aufsetzen zu können und mir von den Sonnenstrahlen das Gesicht wärmen zu lassen. Nur drei Tage waren es noch bis November und der goldene Herbst zeigte sich von seiner schönsten Seite. Die Blätter der Bäume waren rot gefärbt, der leichte Wind nahm das Laub auf dem Gehweg auf und ließ es tanzen. Ein perfekter Tag, um eine Spritztour mit dem Auto zu machen.

Ich hatte mich einige Wochen zuvor für ein Seminar mit dem Schwerpunkt „Depressionen bei Mukoviszidose" angemeldet, das heute in Würzburg stattfand. Das Seminar ging über zwei Tage und das Thema interessierte mich sehr, denn ich hatte das Gefühl, es würde mir weiterhelfen.

Doch nicht nur mir selbst, obwohl ich mich nicht ausschließen will. Ich hatte ebenso schlechte Tage. Aber ich dachte auch daran, diese Thematik bei Vorträgen einzubauen, die ich mittlerweile über Mukoviszidose und die Transplantation hielt. Ich hatte schon ein paar davon bewältigt, oft im Olgahospital für Schwesternschülerinnen. Meistens hatte ich die zweistündigen Referate so aufgebaut, dass ich in der ersten Stunde über meinen Krankheitsverlauf und über mein Leben berichtete. Die Teilnehmer durften mir Fragen dazu stellen. Zusammen mit meiner Physiotherapeutin Melanie simulierte ich dann, in der darauffolgenden Stunde, eine für mich typische Therapiestunde. In der wir erklärten, welche Möglichkeiten es gab, das Sekret aus der Lunge zu bekommen, sowie andere Anwendungen, die das Leben mit der Krankheit erleichtern sollten. Sowohl junge als auch erwachsene Patienten fragten mich, ob sie mir ihre Fragen stellen oder meine Meinung zu gewissen Themen hören dürften. Traurigkeit und Depression spielten dabei oft eine Rolle.

Doch war ich überhaupt der Richtige bei solch sensiblen Themen? Ich glaubte schon, dass ich mich durch meine eigenen jahrzehntelangen Erfahrungen gut in die Situationen Einzelner versetzen konnte, doch ganz sicher war ich mir nicht. Deshalb war mein Interesse groß, mich über das Thema „Depression" zu informieren.

Zum Zeitpunkt meines Aufbruches zum Seminar in Würzburg war noch nicht entschieden, ob ich danach weiter nach Berlin oder zurück nach Stuttgart fahren würde. Das wollte ich spontan entscheiden. Mein Koffer war bereits gepackt und im Auto verstaut. Ich wollte gerade losfahren, als mich einer meiner Freunde anrief, der mittlerweile in Hamburg wohnte: Awat. Er stand vor meiner Haustür.

„Oh nein, was machst du hier?", rief ich, als ich die Tür öffnete. „Was ist das für 'ne Begrüßung?", fragte er und nahm mich in die Arme. „Ich habe dieses Wochenende ein Seminar und will gerade los, bevor ich in den Berufsverkehr komme." „Jetzt komm! Wirklich? Blödes Timing. Ich wollte dich überraschen und das Wochenende mit dir verbringen. Kann ich trotzdem hier schlafen?" „Ja natürlich, hier meine Schlüssel. Gib sie einfach meiner Mama zurück."

„OK, aber lass uns wenigstens schnell was essen, bevor du fährst." Es kam, wie es kommen musste: Wir verquatschten uns beim Essen, zwei weitere Freunde stießen dazu und wir verloren die Zeit aus den Augen. Drei Stunden später als geplant fuhr ich endlich los, natürlich mitten in den Stau hinein. Laut Zeitplan der Seminarleiterin sollten sich, wenn möglich, alle Teilnehmer um 19:00 Uhr im Hotel einfinden und zu diesem Zeitpunkt bereits eingecheckt haben, um dann gemeinsam zum Begrüßungstreffen ins Hotelrestaurant zu gehen.

Leider war ich um diese Zeit noch auf der Autobahn. In netter Gesellschaft mit so vielen anderen Autofahrern, Stoßstange an Stoßstange. Das Einzige, was mich beruhigte, weil es mich ablenkte, war die Abendsonne, die mich die letzten Kilometer begleitete. Mit neunzig Minuten Verspätung kam ich schließlich an. Ich betrat das Hotel mit meinem Koffer und meinem Rucksack und steuerte zielgerichtet auf die Rezeption zu.

„Hallo, findet hier das Seminar des Mukoviszidose-Verbands statt?" Die charmante Rezeptionistin begrüßte mich mit den Worten: „Das verlorene Schaf ist also auch endlich da." Sie gab mir ein Formular, das ich ausfüllen sollte. Dann bekam ich einen Schlüssel mit einem Anhänger, der ganz offensichtlich mehr wog als ich selbst. Mein Hotelzimmer war bescheiden eingerichtet, doch das Nötigste war vorhanden. Ein Bett, ein Tisch, ein Stuhl, ein sauberes Bad und das Wichtigste: ein Fernseher. Es blieb kaum Zeit, mich frisch zu machen und dann war ich auch schon wieder im Aufzug nach unten, um die anderen Seminarteilnehmer kennenzulernen.

Im Hotelrestaurant, in dem das Treffen stattfand, gab es mehrere Speiseräume mit vielen Winkeln, die sehr schlecht einsehbar waren. Ich ging, auf der Suche nach meinen

Seminarkollegen, von einem Raum zum nächsten. Im letzten Speiseraum fand ich sie. Mehrere Holzbalken schmückten die Decke des Raumes, was ihm eine gemütliche Atmosphäre verlieh. Bilder hingen an den Wänden und die indirekte Beleuchtung vermittelte das Gefühl von Wärme. Im Hintergrund lief Musik und die Stimmung war, allem Anschein nach, hervorragend. Gerade wollte ich auf die Uhr sehen, da blieb meine persönliche Zeit stehen. Mein Atem stockte und nur noch mein Herz raste.

Boom, Boom, es schlug immer schneller.
Boom, Boom, Boom.
Boom, Boom, Boom, Boom.

Ich konnte es in diesem Moment nicht fassen, nicht glauben. Ich stand mitten in diesem Raum und nach unendlichen 2035 Tagen
... saß dort Anna.
Da war sie. Vor mir. Ich sah genau hin.
War sie es wirklich?
Ja. Leibhaftig.

Anna.

Die Frau, die ich so sehnsüchtig wiedersehen wollte.

Da saß sie vor mir. Unglaublich hübsch sah sie aus. Viel schöner und reifer als auf jedem aktuellen Foto, das ich aus Facebook kannte. Ihre Haare trug sie nicht mehr kurz, sie waren gelockt und lang. Sie trug ein gelbbraun-kariertes Holzfällerhemd und eine hellblaue Jeans. Schlicht und gerade deshalb wunderschön. Ihr Lächeln schien den ganzen Raum zu erhellen und als sich unsere Blicke trafen, nach 2035 Tagen weiteten sich ihre Augen. Sie errötete und starrte mich an. Mein Herz raste weiter. Ich stand immer noch wie ein Eisblock mitten im Raum. Jetzt überrannte mich meine Nervosität, meine Hände waren schweißnass und ich merkte, wie sich auf meiner Stirn ebenfalls kleine, feuchte Perlen bildeten. Nur für einen kurzen Moment schweifte mein Blick von Anna ab, um die Seminarleiterin zu suchen. Doch sofort zog sie mich wieder in ihren Bann.

Neben ihr zu sitzen ging nicht, da sowohl links als auch rechts von ihr alle Sitzplätze belegt waren. Ich sah mich weiter um, um noch einen freien Sitzplatz zu finden.

Es war nur noch möglich, am Rande des Tisches Platz zu nehmen, von wo aus ich sie nicht sehen konnte.

Vier Teilnehmer saßen zwischen uns.

Vier Teilnehmer bildeten diese Mauer zwischen uns.

Vier Teilnehmer, die ich am liebsten auf den Mond geschossen hätte.

Ich stellte mich den anderen vor, die mit mir an dieser Ecke des Tisches saßen, und wurde sofort in Gespräche verwickelt.

„Ich habe deinen Namen schon mal gehört!", sagte einer der Teilnehmer. Ein anderer erwiderte: „Ich war bei einem deiner Vorträge und dank deiner tollen Erzählung haben wir - vielmehr meine Tochter - beschlossen, den Weg ebenfalls zu gehen. Du kannst einem so viel Mut machen! Wir hoffen, wir bekommen bald den Anruf." Ich muss gestehen, so stolz mich so etwas sonst machte, in diesem Moment war es mir egal. Ich wollte nur eins: Anna sehen. In ihre Augen schauen. Ausschließlich dieser Gedanke schoss mir durch den Kopf. Immer wieder versuchte ich, einen Blick auf sie zu erhaschen. Sie war nur ein paar Meter entfernt und trotzdem fühlte es sich, wie immer ... weit, weit weg an.

Ich wollte cool bleiben und mir nichts anmerken lassen. So unterhielt ich mich weiter und durfte mir auch endlich eine Cola bestellen. Allmählich bezahlten am oberen Ende des Tisches die ersten ihre Getränke und ich witterte meine Chance. Ja, rief ich in Gedanken. Super, ja geht auf eure Zimmer, macht mir Platz. Dann kann ich endlich neben ihr sitzen. In diesem Moment zog sie ebenfalls ihre Geldbörse heraus, beglich ihre Rechnung und verschwand. Nicht, ohne sich noch mal nach mir umzudrehen. Aber sie verschwand. Einfach so. Wie ein Geist. Ich blieb noch eine Weile sitzen und trank mein Glas aus.

Dann zahlte ich ebenfalls und ging. Ich verließ das Hotel. Ohne Ziel irrte ich mitten in der Nacht in einer fremden Stadt durch die Straßen. Die Gedanken überschlugen sich in meinem Kopf, sie wollten sich nicht beruhigen lassen. Nach einiger Zeit kehrte ich ins Hotel zurück. Auf meinem Zimmer folgte die gewohnte Routine und ich hoffte, sie würde mich ein bisschen beruhigen: Ich schaltete den Fernseher an, ging duschen, inhalierte und nahm meine Medikamente ein. Dann legte ich mich ins Bett und ließ meine Gedanken weiter kreisen. Ich wollte irgendjemandem schreiben, es vielleicht einer meiner Freundinnen erzählen, wusste aber genau, wie sie reagieren würden. Sie würden mir all die Ratschläge geben, die ich in diesem Moment nicht hören wollte. Ich wollte nur hier liegen, in diesem Bett in einem Hotel in Würzburg, mit dem Wissen, dass sie irgendwo im selben Gebäude lag und schlief. Es war mir nicht möglich auch nur das geringste bisschen Schlaf zu bekommen. Mittlerweile war es schon hell draußen und ohne eine Minute Schlaf begann mein Seminartag. Ich stürzte vor dem Frühstück einen Energydrink hinunter und ging direkt nach dem Frühstück in den Seminarraum, um mir einen Platz zu suchen. Ich legte meine Unterlagen und meine Jacke hin. Die Teilnehmer waren noch nicht da, denn das Seminar begann erst um 09:00 Uhr. Daher ging ich noch mal zurück auf mein Zimmer. Letzter Styling-Check, die Frisur saß. Mit einer Flasche Cola unterm Arm machte ich mich wieder auf den Weg nach unten. Ich hatte Anna an diesem Morgen noch nicht gesehen. Nicht beim Frühstück und nicht im Seminarraum. War es doch nur eine Wunschvorstellung gewesen oder war sie Realität? Um 09:00 Uhr war ich wieder der Letzte, der den Raum betrat, was sehr untypisch für mich ist. In der Regel bin ich ein sehr pünktlicher Mensch. Die Seminarleiterin begann mit der Begrüßung und stellte die Themen vor, die sie heute mit uns behandeln wollte, während ich leise zu meinem Platz huschte. Meine Augen suchten Anna und ich bemerkte erst im letzten Augenblick, dass sie mir gegenübersaß.

„Hi, schön dich zu sehen", sagte sie mit gedämpfter Stimme. Unendlich lange 2035 Tage hatte ich darauf warten müssen, sie wieder sprechen zu hören. Ihre Stimme klang genauso wie damals, es hatte sich nichts verändert. Sie klang nur etwas rauer, angestrengter und kurzatmiger, was mir signalisierte, dass ihre Lunge nicht mehr so gut belüftet wurde. Doch für mich war sie noch immer sexy.

„Hi, ich freue mich auch.", antwortete ich im Flüsterton und griff nervös nach meiner Flasche, die auf dem Tisch stand. „Immer noch Cola?", sagte sie mit einem kleinen scherzhaften Unterton. „Bei mir hat sich in manchen Dingen nichts geändert", antwortete ich mit einem Lächeln. Die Seminarleiterin begann zu referieren, während ich immer wieder zu Anna blickte und sie immer wieder kurz, aber intensiv ansah. Da sie auch vor dem Fenster saß, bekam sie ab und an ein paar Sonnenstrahlen ab und sah aus wie ein Engel. Da saß sie so unschuldig, so faszinierend schön. Ich vergaß in diesem Moment alle Enttäuschungen, alle Erwartungen, die sie nicht erfüllt hatte und alle Versprechen, die sie nie eingehalten oder gar nicht erst gegeben hatte. Während der fünfminütigen Seminarpause verhielte ich mich

Anna gegenüber sehr distanziert, denn die Nähe zu ihr überforderte mich anfangs. Ich traute mich nicht einmal, sie wieder anzusprechen, denn ich fand, es war noch nicht der richtige Zeitpunkt.

Am ersten Seminartag wurden Ängste und Depressionen, die im Verlauf der Krankheit auftreten können, angesprochen. Wir wurden in verschiedene Gruppen eingeteilt und sollten zunächst Stichwörter sammeln. Die Ansichten der Teilnehmer aus meiner Gruppe waren mir sehr vertraut. Vieles davon hatte ich selbst durchlebt.

Jede Gruppe musste die gesammelten Aspekte vortragen. Dann durfte jeder seine persönlichen Ansichten ergänzen. Ich fand es sehr gut, dass alle Teilnehmer sehr offen darüber sprechen konnten. Anna erzählte, wie schwierig es sei, den richtigen Zeitpunkt zu finden, sich auf die Liste für eine neue Spenderlunge setzen zu lassen. Transplantation, ja oder nein? Die Hoffnung, dass sich die alte Lunge wieder erholt, will keiner aufgeben und trotzdem muss man die Entscheidung rechtzeitig wagen. Hoffnungen und Ängste wechseln sich immer ab. Es wurde sehr intensiv diskutiert. So ging der erste Seminartag vorüber. Ich nahm viele Eindrücke mit, machte mir zahlreiche Notizen und war gespannt, was der nächste Unterrichtstag bringen würde. Nach einer kleinen Erfrischungspause in der ich aufs Zimmer ging, war schon die Zeit fürs Abendessen gekommen.

Ich ging hinunter in den Speisesaal. Anna saß schon mit ihrer Freundin, die mit ihr das Seminar gebucht hatte, am Tisch.

Ich sah sie kurz an. Ich wollte bei ihr sitzen, mich aber auch nicht aufdrängen, weshalb ich mich weiter nach freien Plätzen umsah. „Magst du nicht bei uns sitzen?", hallte es da durch den Raum. „Darf ich?" „Ja klar" sagte sie und ich nahm Platz. Wir tauschten Blicke aus und für mich war es wieder wie ein Feuerwerk. Sie hatte immer noch exakt dieselbe Wirkung auf mich wie damals, als wir uns kennenlernten. Jetzt kamen noch mehr Seminarteilnehmer und wir waren zu acht am Tisch. Vier Mukoviszidose-Patienten, die beiden Eltern eines Patienten, ein transplantierter Patient aus Kiel und ich. Die Kellner nahmen unsere Bestellungen auf. Ich fragte, ob bei dem Menü ein Salat dabei sei, und bestellte ihn ab. Weil ich von der Ambulanz in München die Anordnung hatte, keine Salate mehr zu essen. In einem Salat könnten noch Restbestände von Bakterien vorhanden sein. Damit hatten wir alle sofort ein Thema gefunden: die unterschiedlichen Regeln der Transplantationszentren. Grundsätzlich waren sie sehr ähnlich, es gab aber den einen oder anderen Punkt, in dem sie sich doch voneinander unterschieden. Salat, rohes Fleisch, Sushi oder Nüsse hatten meine Ärzte verboten. Selbst der Austausch von Körperflüssigkeiten im ersten Jahr meiner Transplantation war tabu. Dass das in manchen norddeutschen Ambulanzen erlaubt wurde, erstaunte mich. Nachdem wir uns die Bäuche vollgeschlagen und uns anschließend Espressi bestellt hatten, machte irgendwer den Vorschlag, doch einen Abendspaziergang zu unternehmen. Ich zögerte einen

Moment, doch da stellte Anna, fast schon dominant, die Frage: „Du kommst mit oder?"

Ich zögerte, doch die anderen Teilnehmer, inklusive Anna, antworteten für mich: „Ja klar." Wir holten unsere Jacken, da es abends doch schon frisch geworden war und liefen durch die Innenstadt von Würzburg, bis sich Annas Freundin als Erste verabschiedete. Ihr Sauerstoffgerät hatte sich „gemeldet" und sie ging zurück ins Hotel. Sie war nicht fit genug, um ohne zusätzlichen Sauerstoff weiterzugehen. Wir setzten unseren Spaziergang fort, bis wir zu einer wunderschönen Brücke kamen. Eine alte Steinbrücke, von der man einen wunderbaren Blick auf die berühmte Festung oben auf dem Berg hatte. Es sah aus wie im Märchen und wir waren nicht die Einzigen, die diesen Anblick genossen. Die Brücke war voller Menschen, obwohl es schon recht spät war. Wir blieben noch eine Weile und sahen dem bunten Treiben zu, dann gingen wir zurück zum Hotel. Neben dem Hotel war eine Cocktailbar, die sehr gut besucht schien. Wir entschieden uns, zum Abschluss des Abends auf der Terrasse noch etwas zu trinken. Kaum saßen wir am Tisch, begann es zu regnen. Wie es der Zufall so wollte, gab in diesem Moment eine große Gruppe von Gästen einen Tisch im Inneren frei, den wir sogleich in Beschlag nahmen.

Nach der ersten Getränkerunde verabschiedeten sich die nächsten beiden unserer Runde und wir blieben noch zu fünft. Wir rutschten zusammen und endlich saß ich neben ihr.

Sie neben mir. Wir kamen sofort ins Gespräch. Ich hatte so viele Fragen:

„Wie geht es dir? Wie ist es dir so ergangen? Was machst du so?" Doch die eigentlichen zwei Fragen, die mich in diesem Moment brennend interessierten waren:

„Wieso hast du dich nie gemeldet? Bist du in einer Beziehung?"

Sie schaute mich an, fixierte mich mit ihrem Blick. Dann legte sie ihre Hand auf meine. Sie sagte leise und gerade so, dass ich es noch hören konnte: „Nein. Die, die man möchte, kann man nicht haben. Und du?" „Ach", entgegnete ich: „Mir geht es gut, aber ich weiß, was du meinst."

Wir hörten nicht auf zu reden. Von Minute zu Minute wurde die Situation entspannter und es fühlte sich alles so vertraut an. Genau wie früher.

Wir bestellten einen Weißwein nach dem anderen und ich zwischendurch natürlich immer wieder meine Cola.

„Wieso bist du hier?", fragte ich erneut.

„Mir ging es lange nicht gut, mein Körper hat sich verändert, meine Leistungsfähigkeit ist weniger geworden, aber den Prozess kennst du ja selbst. Ich arbeite auch nicht mehr im Fitnessstudio und hatte lange damit zu kämpfen, mich so zu akzeptieren. Ich habe mich auch für eine Transplantation entschieden und alle notwendigen Untersuchungen machen lassen. Doch manchmal gibt es diese Tage, an denen einfach gar nichts mehr geht. Auch im Kopf. Deshalb wollte ich an diesem Seminar teilnehmen, um zu sehen, ob es mir vielleichthelfen kann." In dem Moment, als sie begann, mir alles zu erzählen, nahm ich ihre Hand und streichelte sie zärtlich.

Sie ließ es zu. Ich versuchte, sie mit Charme und Humor aufzumuntern, und es funktionierte. Genau wie damals in der Reha-Klinik waren wir so in unser Gespräch vertieft, dass wir die anderen kaum wahrnahmen. Irgendwann kam die Kellnerin und machte uns darauf aufmerksam, dass das Lokal bald schließen würde. Wir sahen auf die Uhr und stellten überrascht fest, dass es bereits kurz vor 01:00 Uhr war. Ich wollte nicht, dass dieser Moment endete, aber wir mussten das Lokal verlassen und mit den anderen beiden Seminarteilnehmern ins Hotel zurückkehren.

An der Rezeption bekamen wir unsere Schlüssel und während wir am Aufzug warteten, schielte ich auf ihren Schlüsselanhänger, um ihre Zimmernummer zu erhaschen. Wir quetschten uns alle zusammen in den viel zu engen Aufzug. Sie und zwei andere Seminarteilnehmer stiegen im ersten Stock aus. Allein fuhr ich in den zweiten Stock und lief durch den Korridor zu meinem Zimmer. Doch dort fand ich keine Ruhe. Ich tigerte auf und ab, meine Gedanken fuhren Karussell. Was sollte ich tun? Es für diesen Abend dabei belassen und einfach schlafen gehen? Das konnte ich nicht. Ich schrieb ihr eine Nachricht über den Messenger, über den wir kommunizierten: „Darf ich zu dir kommen? Wollen wir vielleicht weiterreden?" Sie antwortete: „Sei mir nicht böse, ich würde gern, bin aber platt. Muss noch inhalieren und morgen müssen wir ja wieder früh raus." Es fiel mir schwer, doch ich drängte sie nicht. Stattdessen lief ich wieder hin und her. Wie ein Tiger im Käfig. Dann verließ ich mein Zimmer. Wie ferngesteuert. Ich ging durch den dunklen Korridor Richtung Aufzug. Niemand kam mir entgegen. Ich fuhr hinunter in den ersten Stock und verließ den Aufzug. Ich suchte ihre Zimmernummer. Nun stand ich vor Annas Hotelzimmer. Ich sah mich um nach links und dann nach rechts, als würde ich etwas Verbotenes tun. Es war niemand zu sehen. Jetzt oder nie. Entschlossen ballte ich die Hand zur Faust, um an ihre Zimmertür zu klopfen. Meine Hand bewegte sich nicht. Ich stand eine Weile vor ihrer Tür. Und ich wollte. Ich wollte anklopfen.

Sie würde mir öffnen und wir würden reden. Vielleicht würden wir uns auch noch berühren. Ich wollte in ihrer Nähe sein. Deshalb stand ich immer noch vor ihrer Zimmertür. Vor dieser verfluchten Zimmertür. Jetzt würde ich es tun, holte noch einmal tief Luft. Ich hob meine geballte Faust, die aber in der Luft erstarrte. Ich klopfte nicht, sondern ging zurück in mein Zimmer. Enttäuscht saß ich auf der Bettkante und wusste wieder nicht, wieso mich der Mut verlassen hatte. Dennoch war es auch für mich höchste Zeit, schlafen zu gehen. Nur ein paar Stunden später brach unser letzter Seminartag an. Die Sonne strahlte und nachdem ich bereits vor dem Frühstück alles gepackt hatte, um jederzeit auschecken zu können, ging ich hinunter ins Restaurant. Wir saßen alle zusammen am Frühstückstisch. Alle, die am

Vorabend unterwegs waren, machten sich leicht übermüdet über Kaffee, Tee und Brötchen her. Wir kämpften mit dem kleinen Schlafdefizit, welches noch in Körper und Geist steckte. Anna kam etwas später in den Speiseraum und war ebenfalls ruhig. Wir sahen uns nur an und ich wusste, Smalltalk war in diesem Moment nicht nötig. Es war vollkommen. Diese Stille zwischen uns. Diese Blicke. Wir saßen uns gegenüber, tranken unseren Kaffee und ließen ihn wirken. Immer wieder sahen wir uns schweigend in die Augen. Bis wir gemeinsam mit den anderen Teilnehmern in den Seminarraum gingen.

Im Unterricht war zum Abschluss außer der Seminarleiterin auch eine Gastdozentin anwesend. Die über das Thema „Sport und Depression?" referierte. Der Vortrag war so spannend gestaltet, dass meine Müdigkeit von selbst wich. Danach besprachen wir in der Runde, was dieses Seminar für jeden Einzelnen von uns bewirkt hatte und diskutierten gleichermaßen sachlich wie emotional darüber. Ein für alle Beteiligten gelungenes Seminarwochenende ging zu Ende. Gemeinsam mit beiden Seminarleiterinnen liefen wir ins Restaurant, um zum Abschluss noch ein Mittagessen einzunehmen. Beim Essen machte die Nachricht die Runde, dass die Züge in den Norden Deutschlands wegen eines Unwetters nicht fahren würden. Anna und ihre Freundin sahen nervös auf ihre Handys und ich fragte: „Betrifft das auch euch?"

Anna nickte.

„Hey, ich kann euch mitnehmen", sagte ich. In diesem Moment ergriff ich meine letzte Chance. „Ich fahre später nach Berlin weiter. Ist ja eigentlich derselbe Weg, den wir haben, nur ein kleiner Umweg von zwei oder drei Stunden etwa."

„Würdest du das echt tun?", fragte Anna.

„Ja klar - bevor du und deine Freundin irgendwo in irgendwelchen Bahnhöfen wartet und nicht genau wisst, wie es weitergeht."

Unter dem Tisch tippte ich eine Nachricht an Teddy und teilte ihm mit, dass ich mich spontan entschieden hätte, zu kommen. Weitere Informationen würden folgen. Meine Ankunftszeit - irgendwann abends. Ungeduldig erwartete ich Teddys Antwort. Er schickte mir einen Smiley, somit konnte es losgehen. Plötzlich war es mit Anna wie vor etwa sechs Jahren. Wir gingen, wie früher, unkompliziert und locker miteinander um. Da ich ja schon fertig war mit Packen, checkte ich auch als Erster an der Rezeption aus. Ich begann, mein Auto für die Fahrt vorzubereiten. Ich verstaute mein Gepäck so, dass noch Platz für das der Mädels war. Ich machte die Rückbank noch etwas sauber, dann war ich bereit. Anna kam zuerst nach unten. Wir verstauten zusammen ihr Gepäck im Wagen und alberten vor dem Hoteleingang herum, während wir auf ihre Freundin warteten. Sie wollte mich ständig mit dem Finger in die Seite piksen, woraufhin ich sie scherzhaft ermahnte, das sein zu lassen, denn ich war wahnsinnig kitzlig.

„Hör auf, sonst mach ich dasselbe!", rief ich und wir lachten.

Sie konterte: „Bloß, weil du eine neue Lunge hast, heißt das noch lange nicht, dass du mich erwischst!"

Jetzt reichte es mir. Klar war ich schneller! Ich packte sie und hob sie hoch. Sie strampelte mit den Beinen und schrie amüsiert: „Jaja, ist schon gut, du Angeber! Lass mich runter. Bitte!" Sie stützte sich mit ihren Händen auf meinen Schultern ab und ich ließ sie sanft zu Boden gleiten. Für einen Augenblick waren unsere Körper wieder verschmolzen. Ich sah sie an. Sie blickte zurück. Es gab so vieles, was man in dieser Situation hätte tun können. Ich wollte sie so gerne küssen. Doch ich tat es nicht. Ich Idiot. Stattdessen ließ ich sie los, ihre Freundin kam nach unten, wir stiegen ins Auto und fuhren zur Autobahnauffahrt in Richtung Berlin. Während der Fahrt herrschte ausgelassene Stimmung und wir erzählten uns belangloses Zeug. Ich gab Anna die Aufgabe, sich um die Musik zu kümmern, da sie auf dem Beifahrersitz saß. Unsere Blicke trafen sich und sie lächelte mich immer nur an. Unschuldig, voller Lebenslust. Es war angenehm, sie anzusehen.

Je weniger verbleibende Kilometer uns mein Navi anzeigte, desto stiller wurde ich.

„Alles okay bei dir?", fragte sie mich leise.

„Ja, alles okay. Wieso?" Ich gab vor, mich auf den Verkehr zu konzentrieren. „Du bist so still."

„Ach so, ja. Alles in Ordnung."

Aber eigentlich war nichts in Ordnung. Ich stellte mir vor, es hätte immer so sein können. Je näher wir dem Ziel kamen, desto mehr wurde mir bewusst, dass sie nicht mehr lange neben mir sitzen würde. Anstatt die restliche Zeit zu genießen, wurde ich immer nervöser. Die Kilometer wurden immer weniger. Wo war der Stau, wenn man ihn brauchte? Kurz vor dem Ziel beschlossen wir, dass ich die beiden an einem Fast Food-Restaurant auf einem Rastplatz am Autobahnzubringer aussteigen lassen würde.

So konnte ich nach Berlin weiterfahren und sie würden von der Mutter der Freundin abgeholt. Diese verspätete sich etwas, also luden die beiden mich, als Dank fürs Mitnehmen, zu einem Imbiss ein. Sie spendierten mir einen Hamburger und eine Cola. Wir aßen noch, als Annas Freundin plötzlich aufstand und das Restaurant zum Telefonieren verließ.

Jetzt! Jetzt verflucht, jetzt war meine Chance.

Jetzt oder nie!

Ich hatte eine Frage, eine letzte Frage, die ich ihr stellen wollte. Nur diese einzige banale Frage, die mich seit Jahren verfolgte und auf deren Beantwortung ich sehnsüchtig gewartet hatte: Warum? Warum konnten wir nicht zusammen sein?

Ich zögerte. Wir saßen an einem Vierertisch. Draußen war es schon dunkel geworden. Menschen gingen ein und aus, im Fernsehen liefen Musikvideos ohne Ton. Auf unserem Tablett lag nur noch Verpackungsmüll. All das fiel mir auf, während wir uns wieder schweigend ansahen. Ich hatte das Gefühl, sie ahnte schon, dass ich ihr gleich diese Frage stellen würde. In ihren Augen sah ich ihre Angst, mir antworten zu müssen. Doch diesmal war die Stille unangenehm. Es war nicht dieselbe wie am Frühstückstisch.

So angenehm Schweigen sein konnte, so unangenehm und falsch war es jetzt. Was stimmte nicht mit mir? Es war doch nur eine Frage. Was sollte denn schon passieren? Ich musste nur diese eine Frage stellen.

Ich konnte mich nicht überwinden. Wieder mal schaffte ich es nicht. Wir sahen uns an und es war, als ob in ihren Gedanken ein Film lief, den sie mir nicht zeigen wollte. Es lag eine Art Sehnsucht in ihrem Blick. Ich hatte den Eindruck, wir fühlten dasselbe, aber waren zu feige, es zu sagen. Ich saugte die letzten Tropfen Cola aus meinem Becher, wir sahen uns schweigend weiter an.

Ihre Freundin kam zurück, setzte sich wieder auf ihren Platz und erzählte, dass Ihre Mutter angekommen war. Wir räumten alles vom Tisch, verließen das Restaurant und gingen zum Parkplatz. Ihre Mutter parkte genau neben mir. Wir packten die Koffer um, Annas Freundin umarmte mich und bedankte sich nochmals. Die Mutter bedankte sich mit einem Händedruck und jetzt war Anna dran. Sie kam zu mir, nahm mich in den Arm und sagte: „Danke, ich melde mich, wenn ich transplantiert bin. Pass bitte auf dich auf!"

Anna stieg ins Auto und sie fuhren los. Ich kann nicht beschreiben, was in mir vorging. Ich fühlte mich einfach nicht lebendig. Sprachlos stand ich neben meinem Auto. Für einen

Moment blieben mein Herz und die Zeit stehen. In diesem Moment begann es zu regnen, als wollte mir der Himmel sagen, dass auch er traurig war. Ich stieg ins Auto, schnallte mich an und war weiterhin wie betäubt. Minutenlang. Zwischenzeitlich tippte ich meinen Zielort ins Navigationssystem: Berlin. Ich fühlte mich wie in Trance. Sollte es das wirklich gewesen sein? Wieder ließ ich sie gehen. Ich hatte es selbst vermasselt, sagte ich mir. Ich hatte die Möglichkeit gehabt, doch ich ließ sie gehen, einfach gehen, davongehen. Ich fuhr los. Ich war so in Gedanken, dass ich nicht spürte, wie die Zeit verrann. Ich fuhr einfach. Mein Handy klingelte und ich war so in meine Gedanken versunken, dass ich etwas tat, was ich beim Autofahren sonst nie tue: Ich ging ran.

Es war Teddy. „Tatort schauen oder rausgehen?"

Ich erzählte ihm bei 180 km/h auf der Autobahn, dass ich Anna beim Seminar getroffen hatte.

„Wirklich? Anna? Okay, alles klar. Fahr vorsichtig und wir reden, wenn du da bist." antwortete er nur und legte auf. Immer wieder zogen die gleichen Gedanken durch meinen Kopf. Ich hatte sie einfach gehen lassen, ohne ihr diese eine Frage zu stellen. An der nächsten Ausfahrt fuhr ich raus und schrieb ihr: „Hey, ich hatte gerade nicht den Mut, dich zu fragen, warum du keinen Kontakt mehr haben möchtest. Du fehlst in meinem Leben. Ich möchte gerne für dich da und mit dir zusammen sein."

Keine Antwort. Nichts.

Gefühlte Stunden später kam ich in Berlin an und klingelte an Teddys Wohnung Sturm. Im Haus nebenan gab es einen typischen Berliner Spätkauf. Kurz überlegte ich, ob ich etwas zu trinken kaufen sollte, da ging schon die Tür auf. Teddy lebt mit seiner Familie am Prenzlauer Berg in einer Altbauwohnung im ersten Stock. So eine Wohnung hätte ich auch gern. Alte Fußböden, die bei jedem Schritt knarzten, einen langen schmalen Flur und hohe Decken. Die waren fast so hoch wie das Wahrzeichen von Berlin, der Fernsehturm am Alexanderplatz. Er war für ein paar Tage Strohwitwer. Er öffnete die Wohnungstür genau in dem Moment, als ich oben ankam. Wir umarmten uns, ich warf mein Gepäck in den Flur, ging direkt ins Wohnzimmer und legte mich auf sein Sofa. Teddy nahm sich einen Hocker und setzte sich mir gegenüber. Es lief der Tatort im Ersten. Wir sind beide große Tatort-Fans, doch heute war mein Leben der Schauplatz und Teddy machte den Fernseher aus, um gleich zur Sache zu kommen: „Erzähl mal. Wie wars?"

„Ich habe sie getroffen. Nach 2035 Tagen."

„Teddy, ich habe sie wirklich wiedergesehen!" weiter sprechen konnte ich nicht. Ich brach vor ihm zusammen. Ich konnte nicht mehr reden und ich konnte die Tränen nicht mehr zurückhalten. Es war mir so peinlich.

Im Nachhinein betrachtet war es auch so schön, einen Freund zu haben, zu dem ich gehen und einfach loslassen konnte. Egal, in welcher Lage ich mich befand. Ich weinte und weinte und war noch immer wütend auf mich selbst, weil ich sie hatte gehen lassen. Schluchzend sagte ich: „Teddy, sie sah so schön aus." Teddy sagte nichts. Er holte ein Taschentuch, das er mir reichte. Er setzte sich neben mich und spürte instinktiv, dass es in dem Moment gut war, nichts zu sagen. Er wartete bis ich mich beruhigt hatte. Als ich wieder sprechen konnte, erzählte ich ihm was ich erlebt hatte. Von all den Höhen und Tiefen, die ich an diesem Wochenende durchlebt hatte. Während ich redete, meldete sich bei uns beiden der Hunger. Kurzentschlossen zogen wir die Jacken an, gingen um den Block und kehrten in ein italienisches Restaurant ein. Wir bestellten uns zwei Pizzen, eine Flasche Weißwein und natürlich eine Cola für mich. Ich erzählte weiter.

Teddy hörte zu, stellte ab und an Fragen. Nach dem Essen machten wir uns auf den Weg zu unserer Lieblingskneipe. Das Haus, in dem sie sich befand, sah baufällig aus und die Fassade war hinter einem Gerüst versteckt. Seit Jahren war das so. Und seit Jahren fragte ich mich, ob dieses Gerüst irgendeinen Zweck hatte oder einfach Dekoration war. Auch das Innere der Kneipe war sehr schlicht. Ein paar gebrauchte Stühle, verschiedene Stile von Tischen und vereinzelte Bilder an der Wand. Der Reiz dieser Kneipe war die minimalistische Kühle, die sie ausstrahlte. Die kalte, bröckelnde Wand tat ihr

Übriges dazu. Während Teddy uns Getränke bestellte, kam eine Nachricht von Anna: „Ich brauchte einfach Zeit und hatte meine Gründe. War ein schönes Wochenende mit uns. Wir können gerne wieder Kontakt haben, das ein oder andere Mal. Komm gut nach Berlin." Da saß ich nun mit meinem Freund Teddy und ihrer Nachricht. Wir wussten beide nicht, was wir davon halten sollten.

Wir zerpflückten die Nachricht in ihre Einzelteile, kamen aber zu keiner Einigung und waren wie immer unterschiedlicher Meinung. Wir philosophierten noch einige Stunden, bis wir uns wieder auf den Heimweg machten. Den nächsten Tag nahm sich Teddy extra frei für mich. Das war nur möglich, weil er als Veranstalter des Peace & Peace Festivals eine leitende Position hatte. Er hatte sich spontan entschieden, alles stehen und liegen zu lassen und mir seine volle Aufmerksamkeit zu schenken. Nach einem ausgiebigen Frühstück machten wir uns auf den Weg zur ehemaligen Abhörstation der CIA und der britischen SIS auf dem Teufelsberg, außerhalb von Berlin. Wir sahen uns diese, mittlerweile mit Graffiti verzierte Anlage, an und stiegen hinauf bis zum Dach.

Von da hat man einen faszinierenden Ausblick auf ganz Berlin und Umgebung. Wir verbrachten dort den ganzen Tag. Anschließend führte mich Teddy in ein libanesisches Restaurant im Stadtteil Kreuzberg, wo wir leckeres gegrilltes Fleisch und Gemüse bestellten. Um den Tag abzurunden machten wir noch einen Abstecher in unsere Kneipe.

In einem Moment des Alleinseins, antwortete ich auf Annas Nachricht vom Vortag.

„…es war so schön, dich wiederzusehen. Du bist für mich perfekt. Für einen kurzen Moment hatte ich gedacht und gehofft, die Mauer in deinem Kopf wäre weg."

Ich erzählte Teddy nichts davon, als er von seinem Telefonat zurückkam. Wir tranken und redeten und gingen irgendwann nach einem wunderbaren Tag zurück zu ihm nach Hause. Am nächsten Morgen bedankte ich mich bei einem Espresso, dass er so sehr für mich da gewesen war. Er sagte nur: „Wie du auch immer für mich."

Wir verabschiedeten uns und ich fuhr nach Hause. In Stuttgart angekommen, besuchte ich kurz meine Mama, die darauf bestand, mir etwas zu kochen und meine Wäsche zu waschen. Ausnahmsweise ließ ich mich darauf ein. Es tat gut, ein wenig umsorgt zu werden, denn mir tat das Herz weh.

Es war bereits dunkel, als ich zu mir nach Hause fuhr und ich war überrascht, als eine Nachricht von Anna kam:

„Vielen Dank für die Blumen, aber es ist ja nicht nur mein Kopf, der „Nein" sagt. Ebenfalls fällt es schwer, dass mein Herz „Nein" sagt. Das lässt sich kaum ändern. Es tut mir selbst leid. Lass uns Freunde bleiben bitte."

Lass uns Freunde bleiben, schrieb sie.

In mir schrie alles „NEIN!"

Es fühlte sich an, als würde mein Herz stehen bleiben. Mit dieser Nachricht von Anna kam ich bei mir zu Hause in

Stuttgart an. Ich brachte mein Gepäck in die Wohnung und hatte vor, gleich die Sachen auszupacken. Aber ich spürte eine innere Unruhe. Ich musste raus aus meinen vier Wänden. Ich griff nach meinem Autoschlüssel und zog die Tür hinter mir zu. Während ich auf den Aufzug wartete, las ich ihre Nachricht immer und immer wieder:

Mein Kopf, sagt „Nein"! Mein Herz sagt auch „Nein"!

Sie bat mich um meine Freundschaft. Aber wozu? Freunde hatte ich genug.

Sie liebte ich.
Die Aufzugtür öffnete sich. Ich stieg ein und fuhr bis ganz nach unten in die Garage, in der mein Auto stand. Schon von weitem öffnete ich mit dem Funkschlüssel die Tür, als wüsste ich nicht mehr, wo ich es geparkt hatte. Ich stieg ein, ließ über das Handy Musik laufen, drehte voll auf, startete den Motor und fuhr ziellos durch die Gegend.
An einer Tankstelle hielt ich direkt vor dem Eingang, stieg aus dem Wagen, ging hinein und wollte meinem ersten Gedanken nachgeben, mir Alkohol zu besorgen. Ganz klischeehaft hatte ich vor, mich zu betrinken. Doch dann dachte ich an eine Alternative. Etwas, das ich seit der achten Klasse nicht mehr getan hatte. Damals, als ich nach der Schule nicht gleich nach Hause ging, sondern in den Park gegenüber, wo sich die

„Coolsten" aus der Klasse an einer Parkbank trafen. Jeder probierte es aus, nur ich nicht.

Damals versuchte ich es als Einziger nicht, weil meine Eltern es mir strikt verboten hatten. Irgendwann war die Neugier so stark, dass ich es doch tat. Ich wollte es wissen. Ich tat es eine ganze Woche lang. Mehrmals am Tag. Und ich konnte es so lange verheimlichen, bis mein Papa mich dabei erwischte. Sofort war meine Mama eingeweiht und beide konnten nicht verstehen, warum ich so dumm war. Die Strafe folgte umgehend: Eine Standpauke und Hausarrest. Ich schwor mir, dies nie wieder zu tun. Heute Abend war es wieder soweit. Trotz meiner neuen Lunge. Sorry, mein lieber Organspender: Nach vier Jahren und elf Monaten mit deiner, unserer Lunge wurde ich schwach. Nach Annas Nachricht verlor ich jegliche Disziplin. Diese eine Zeile aus ihrer Nachricht.

Mein Kopf, sagt „Nein"! „Mein Herz sagt auch „Nein"!

Sie brannte sich in mein Gedächtnis ein. Ich stand noch immer in der Tankstelle, ging direkt zur Kasse und „bestellte". Ich bezahlte und verließ das Gebäude. Ich setzte mich ins Auto und fuhr zu meinem Lieblingsplatz hinaus zum Schloss Solitude, einer Sehenswürdigkeit, die etwas außerhalb von Stuttgart liegt.

Ein wunderschönes Schloss im Rokokostil und Frühklassizismus. Mehrere Strahler tauchten das Schloss dezent in ein goldenes Licht.

Dort angekommen, stellte ich den Motor ab, stieg aus und sah hoch zum Himmel. Er war klar, die Sterne so nah, die Luft so frisch.

Ich nahm einige tiefe Atemzüge, stieg wieder ins Auto, suchte auf meinem Handy einen bestimmten Song und Sekunden später schallte „Sky and Send" von Paul Kalkbrenner durch die Boxen.

Ich starrte aufs Schloss, das mittlerweile in Nebel eingehüllt war. Während das Lied lief, sortierte ich meine Gedanken und schrie den einen laut hinaus:

„Ich wünschte, ich könnte dich zur Umkehr bewegen und du könntest mich jetzt sehen.

Und nichts bleibt zurück, woran ich mich halten kann, als die Erinnerung."

Und dann tat ich es: Ich zündete eine Zigarette an und rauchte sie bis zum Ende.

Mein lieber Spender, die letzten Worte möchte ich dir widmen.

Durch deine Liebe für das Leben bin ich noch da.

Es geht deiner, unserer Lunge gut!

Mein lieber Spender,
ich habe Menschen um mich, die mir guttun.

Mein lieber Spender,
das macht mein Leben so lebenswert.

Danke – Grazie

Mama, Papa, Cetta, Pina, Lidia, Melissa.
Ich liebe Euch.
Vi voglio bene!

Rossi.

Dir, die/den ich aus Versehen nicht erwähnt habe, widme ich diese Seite.

Danke, dass du ein Teil meiner Reise warst.

Übrigens: Danke, dass du dieses Buch in den Händen hältst. Der Erlös geht direkt an die Reha Klinik Tannheim.